KB052667

백래시 정치

백래시 정치

안티페미니즘은 어떻게 권력이 되었나

초판 1쇄 펴낸날 2023년 1월 30일

지은이 신경아
펴낸이 이건복
펴낸곳 도서출판 동녘

책임편집 정경윤
편집 구형민 김다정 이지원 김혜윤 홍주은
마케팅 임세현
관리 서숙희 이주원

등록 제311-1980-01호 1980년 3월 25일
주소 (10881) 경기도 파주시 회동길 77-26
전화 영업 031-955-3000 편집 031-955-3005 **전송** 031-955-3009
블로그 www.dongnyok.com **전자우편** editor@dongnyok.com
페이스북·인스타그램 @dongnyokpub

인쇄·제본 영신사 **라미네이팅** 북웨어 **종이** 한서지업사

백래시 정치

안티페미니즘은 어떻게 권력이 되었나

신경아 지음

Backlash Politics

'후퇴의 시기'를 살아가는 법

한국 사회에서 '여성'은 오랫동안 '약자'의 기호였지만, '강한 남성 생계부양자 사회'를 떠받치는 주춧돌과 같은 존재였다. 전통사회에서 여성은 농사일과 베 짜기, 살림노동과 육아, 노인 돌봄까지 사회의 생산과 재생산에 필요한 노동을 수행했다.

여성에게 허락되지 않은 노동은 학문을 해서 관직에 나아가는 일이었다. 지식노동과 정치적·경제적·사회적·문화적 권력에 접근하는 거의 유일한 통로였던 학문의 길은, 여성에게는 허용되지 않았다. 여성이 학교에 가고, 지식과 기술을 습득해 지적 소양과 전문성, 직업적 역량을 쌓을 수 있는 기회는 20세기에 들어서야 열렸다. 평범한 가족의 여성이 대중 교육을 받기 시작한 것은 20세기 중반을 넘어서였다.

경제 성장을 거듭한 1980년대 한국 사회에는 중산층이 형성되었고, 경제적 여유를 얻은 가족들은 딸도 대학에 보내기 시작했다. 학력이 새로운 신분으로 작용하기 시작하면서 학력 차별을 피하려면 여성도 대학 졸업장이 필요했기 때문이다. 그러나 졸업한 이들은 결혼해서 아이를 낳고 일을 그만두게 되었고, 자신의 딸들에게 "네 일을 가져라", "결혼은 선택의 문제"라고 가르치기 시작했다. 2009년에 이르러서는 여성의 대학 입학률이 남성보다 높아졌다. 학력과 실력만이 노동시장의 성차별을 피해갈 수 있는 수단이 되리라는 생각이 퍼진 결과다.

그보다 10여 년쯤 전인 1999년, 헌법재판소에서 '제대군인 가산점제도'에 위헌판결이 내려졌다. 여성, 그리고 군복무를 이행할 수 없었던 남성이 제기한 소송의 결과였다. 민간 부문의 성차별적 관행을 피해 공공 부문으로 몰렸던 여성들에게 군복무가산점제는 웬만한 노력으로는 넘을 수 없는 허들이었고, 이렇듯 높은 장애물 앞에서 여성들은 좌절할 수밖에 없었다. 그러나 헌재의 위헌판결을 받고 역사 속으로 사라진 뒤에도, 그리고 20여 년이 지난 지금까지도 정치인들이나 관료들의 입에서 이따금 이 단어는 튀어나온다. 심지어 2022년 8월 방송된 한 공영방송의 기획 다큐 프로그램에서는 20대 남녀에게 "군복무가산점제도가 필요한가?"라고 묻고, 필요하다는 답변을 결론처럼 제시했다. 이미 불법이 된 이 제도를 끊임없이 불러내는 이유는 무엇인가?

청년 남성들이 군가산점제에 그토록 감정을 싣는 이유는 군복무 경험의 문제에 있다. 전 세계적으로 거의 유일한 분단국가인 한국에서 20대 초반 청년기의 긴 시간을 군대에서 보내야 하는 운명은 미필 남성에게는 두려움이요, 군필 남성에게는 상처였다. 비교적 자유로운(한국의 입시제도로부터 누구도 완전한 의미에서 자유로울 수 없으므로) 개인으로 성장해온 청년 남성들이 국민의 기본 의무교육인 고등학교 과정을 마치고 대학이나 사회로 나가 제대로 자유를 누리려는 그때, 강제징집이라는 의무가 그들의 길목을 가로막는다. 영화와 드라마로 쏟아져 나오는 군 생활에 대한 증언들은 대부분 참혹하기 그지없는 폭력과 고통의 서사들이다. 가까이서 지켜본 복학생 선배들의 모습에는 의무를 이행했다는 자부심보다는 달라진 환경에 적응하려 애쓰는 안간힘이 더 선명하다. 이는 20대 청년 남성들이 공유하는 경험이다.

청년 남성의 군복무가 대한민국 남성의 의무라면, 이 강제와 의무의 시·공간을 견딜 만한 것으로 만들기 위한 사회적 노력은 필수적이다. 그것은 국가의 책임이다. 그런데 국방부를 비롯한 행정부와 입법부는 그동안 어떤 노력을 해왔나? 군복무 환경은 얼마나 개선되었나? 대한민국 청년 남성의 군복무 의무와 기간, 환경 등 관련 정책과 제도를 심의·결정하는 이들의 성별은 대부분 남성이다. 여성들은 그런 권한을 가진 조직에 접근하기도 어렵고, 접근할 수 있더라도 극소수에 불과했다. 남성들이 남성의 시각으로 군복무의 제도·환경·조건을 규정하고 재단해온 것이다. 하지만 그 결과는 오늘 우리가 보는 것처럼, 자부심과 명예보다는 분노와 상처로 얼룩져 있다.

1997년 외환위기를 겪은 한국 사회는 2000년대 들어 신자유주의 체제를 적극 수용해왔다. 미국과 영국 등 서구 자유주의 국가들이 1980년대 초부터 확대해온 신자유주의 체제는 사회에 대한 국가의 개입을 최소화하고, 복지보다는 시장의 자유에 우선적 가치를 둔다. 한국은 외환위기의 여파로 국가에 대한 신뢰가 급격히 무너지고, 가족과 같은 사회집단의 보호능력이 크게 떨어지면서 사회 구성원의 생존과 번영이 개인의 문제가 되었다. 특히 외환위기 전후 확대되어온 비정규직과 고용 불안정의 심화는 청년들의 삶의 불안정성으로 이어졌고, 청년들은 스스로 생존을 책임져야 하는 상황에 직면했다.

2005년 한 일간지에서 '스펙'이라는 단어가 사용된 이래, 한국 사회의 청년들은 국가나 사회가 아니라 자신의 스펙 쌓기만이 취업을 보장해줄 것이라고 믿게 되었다. 이를 위한 끊임없는 '자기계발'도 새로운 윤리로 부상했다. 1980년대 미국 대통령 로널드 레이건Ronald Reagan과 함께 신자유주의 시대를 열었던 영국 총리 마거릿 대처Margaret Thatcher가 "더 이상 사회 같은 것은 없다"고 말한 것처럼, 결국 개인의 생존과 안녕은 개인의 책임이며, 사회복지나 국가의 공공 정책에 기대면 안 된다는 논리가 배경이었다.

2000년대 들어 한국 사회에서 전개된 양상을 성별로 나누어 살펴보면, 더 많은 여성들이 가족의 돌봄자로만 머물지 않고 노동시장에서 지속적으로 일하는 라이프스타일을 선택하거나, 선택하지 않을 수 없는 상황이 되었다. 남성 홀로 하는 생계부양이 점점 더 어려워졌고, 맞벌이를 하지 않고는 중산층의 생활을 영위하기 힘들어졌기 때문이다. 출산과 양육, 노인 돌봄 등 가족 돌봄 역할에 대한 사회적인 평가절하와, 여성의 경제적 독립의 필요성 증가, 개인으로서 자신에 대한 인식이 증가한 것도 중요한 요인으로 작용했다. 따라서 여성들은 '고졸'에서 '대졸'로 학력을 높이고 스펙을 쌓으며 채용시장의 문을 두드려왔다. 그리고 결혼을 통해 기존의 가족구조 안으로 들어가기보다는 비혼을 선택하는 여성들도 늘어나고 있다.

청년 남성 역시 지난 세기와는 매우 다른 상황에 처

해 있다. 1990년대 중반까지만 해도 대졸 남성은 학벌에 관계없이 웬만하면 대기업이나 공기업의 사무직에 취업할 수 있었고, 이들 중 상당수는 평생 고용을 보장받았다. 고졸자들은 학력에 따른 노동시장 분절로 중소기업이나 대기업 생산직에 취업했지만, 취업 자체는 그리 어렵지 않았다. 그러나 1997년 외환위기는 남성들의 모든 특권을 일시에 빼앗아갔다. 남성들은 이제 대학을 졸업해도 스펙을 쌓아야 했고, 스펙을 쌓아도 원하는 일자리를 얻기가 쉽지 않게 되었다. 이러한 상황에서 군가산점제의 폐지는, 실제로 제도의 수혜자는 청년 남성의 10퍼센트 정도에 불과했음에도, 고용 위기와 삶의 불안정성에 직면한 청년 남성의 분노가 향하는 과녁의 구실을 톡톡히 했다.

2000년대 들어 취업이 어려워진 것은, 정도의 차이는 있지만 서구 사회의 청년들도 유사하게 겪는 현실이다. 서구 사회에서 1970년 이후의 출생 세대post-1970 generations는 이전 세대와 달리 고용 불안정 상황에 직면해왔다. 고용 안정성을 누렸던 이전 세대와 비교해보면, 현재 청년들이 직면한 새로운 노동 조건은 거대한 후퇴라고 할 수 있다.[1] 서구의 학자들은 이러한 상황을 '모순' 또는 '역설'의 의미로 개념화해왔다. 개인화 시대의 청년들이 현실을 명확히 인지하지 못한 채 자기 삶의 경로를 스스로 만들어가겠다는 개인적 행위자의 감각sense of individual agency에 사로잡혀 있다는 것이다. 이는 '청년의 역설youth paradox'론, 즉 청년들 개인의 수준에서 인지된 선택과 행위자성은 청년들이 실제로 처한 삶의 구조적 조건들과 역설적 관계에 놓여 있다는 주장이다. 신자유주의적 주체로서 꿈과 욕망, 능력주의 이념으로 무장한 청년들은 스스로에 대한 인식과 달리, 무엇 하나 확신할 수 없는 불안정한 사회경제적 현실 속에서 일종의 인지부조화 상태에 처했다는 것이다.

따라서 그들은 현실을 바꾸기보다는 자신의 욕망을 바꾸어가거나, 신자유주의 사회의 사회적 파편화와 원자화된 개인화로 나아가기 쉽다. 이때 청년들의 공통된 경험은 개인적 고통으로 전환되며, 많은 경우 개인의 잘못으로 인식된다. 이런 사회에서는 청년의 정신건강이 사회적 이슈로 떠오르며, 심리치료나 평정심 유지하기 등 자기 자신에 대한 통제가 중요한 과제로 등장한다. 이 같은 삶의 양식은 '상황에 따라 살아가기situational living', '상황적 정체성situational identity'으로 정의되기도 한다.[2] 과거에서 미래로 뻗어나가는 연속선을 따르는 일직선적 삶이 아니라, 상황적·맥락적 필요와 욕구에 따라 그때그때 결정을 내리며 살아가는 삶을 선호한다는 것이다. 이는 계획과 예측보다는 우연성이, 장기적 시간 지평보다는 단기적인 시간 지평이 지배하는 삶이다.

유례없는 외환위기를 겪은 한국 사회에서 청년들은 훨씬 더 불안정한 상황에 처해 있고, 그들의 감정은 불안이나 공포 쪽에 가깝다.[3] 그러나 개인화 양상은 서구와 크게 다르지 않다.[4] '혼술', '혼밥'이라는 단어가 유행한 지는 이미 오래되었고, 3년여에 걸친 코로나19 사태로 사람들 사이의 거리두기는 일상이 되었다. 청년들은 대면 세계보다 온라인 커뮤니티에서 더 많은 대화를 나누며 자신의 정체성을 구성해간다. 그 과정에서 불안은 우울이 되고, 좌절은 분노가 되면서 감정의 전이가 발생한다. 나의 분노를 투사할 누군가로서, '우리'가 겪는 고통의 원인 제공자로서 '그들'이 지목된다. 우울은 혐오로, 분노는 적대로 심화한다.

이렇듯 혐오와 적대의 감정에서 형성된 타자에 대한 상징폭력은 일시적인 쾌락을 주며, '우리'의 결집된 힘을 확인할 수 있는 효과적 도구로 체험된다. '우리'는 더 이상 약하지 않다, 짓밟을 '그들'이 있는 한. 그들의 요구가 정당한 것이라고 해도 우리의 결집된 힘보다 중요하지 않다. 이런 태도와 행위가 민주주의를 거스르는 것이라고 해도 신경 쓸 필요는 없다. 민주주의가 우리에게 힘을 주는 건 아니니까!

백래시는 이런 감정들에 편승해 사회적 세력을 확대

해간다. 젠더든 인종이든 계급이든 지역이든 사회적 소수자*들이 제기하는 정의에 대한 요구를 묵살하고, 그들의 목소리를 지우며, 사회 변화의 방향을 뒤로 돌린다. 더 깊은 민주주의를 향한 사회적 실천을 공격하며, 그런 공격성을 힘으로 해석한다. 그러나 민주주의에 대한 공격은 힘이 아니라 폭력이다.

한국 사회에서 '백래시'는 21세기 들어 페미니즘에 대한 공격이 거세지면서 알려졌지만, 미국에서는 1960~1970년대를 휩쓸었던 반전평화운동과 시민권운동에 대한 반격을 계기로 등장했다. 미국 역사에서 '급진적 1960년대The Radical 1960s'라는 이름이 붙여진 시기, 즉 베트남 참전 반대운동과 시민권운동이 터져 나왔을 때 이런 실천이 정치적 영역에만 국한된 것은 아니었다. 민족주의나 애국주의 같은 국가주의적 사고에 대한 비판, 물질적 안락과 세속적 성공 욕망에 대한 거리두기, 과학적 합리성에 대한 의심, 진보와 관련된 전통적 사고에 대한 회의 등 문화와 사상, 정신적 영역에서 비판과 성찰이 이어졌다. 동시에 인종차별과 성차별에 대한 비판적 인식 등 사회적 영역의 변화를 향한 요구도 높아졌다.[5]

그러나 시계추의 진자운동처럼, 사회는 격렬한 공

* 실제 수가 적다는 뜻이 아니라, 상대적으로 공적 의사결정 과정에서 동등한 대표성을 갖지 못하는 집단을 뜻한다.

적 참여의 시기가 지나면 사적 삶으로 후퇴하는 시기가 오는 법이다.[6] 정치를 향한 열정과 에너지가 소진되자, 급진적 변화의 가능성과 그것을 향한 지향성이라는 1960년대의 각본scripts에 반발해 1970년대 말부터 1980년대를 지나는 사이 강력한 백래시의 정서가 싹텄다.[7] 이후 미국 사회의 핵심적 가치들은 놀랄 만큼 보수적인 방향으로 이동해갔고, 보수주의 정치인 레이건 대통령이 연임했다. 문화적으로 성적 개방과 자유주의가 후퇴하고 엄격주의가 되살아났으며, 가족의 권위에 대한 존경도 부활했다. 이런 변화의 결과, 평등 지향적 사회개혁은 사라지고, 복지와 세금은 삭감되었으며, 정부 예산에서 군사장비 지출이 더 늘어났고, 냉전 시기의 반공주의 정서도 되살아났다. '백래시'는 이렇듯 베트남전쟁 반대운동과 인종차별 철폐 등 시민권운동, 제2물결 여성운동이 지나간 후 1970년대 말부터 1990년대까지 계속되었던 보수세력의 반동反動을 가리키는 말이었다.

이런 퇴행의 시대에 시민들의 의식은 어떻게 달라졌을까? 로버트 벨라Robert Neely Bellah는《마음의 습관》에서 물질주의적 가치가 도덕적 가치를 대체했다고 간파했다.[8] 세속적 성공과 직업적 성취가 다른 종류의 가치를 몰아내고 최우선의 가치로 자리 잡았다는 것이다. 개인주의와 이기주의가 사회에 대한 인간주의적이고 공정한 관심을 밀어낸 이런 사회에서는 개인과 사회, 개인주의와 사회적 책임 사이의 균형이 깨지기 쉽다.

미국 사회에서 사회적 연대의 중요성이 다시 확인된 것은 21세기에 들어서면서부터다. 2001년 9·11 테러는 개인주의와 가족주의가 지배하던 미국 사회에서 공동체의 가치를 확인하는 계기가 되었다는 것이 미국의 문화사회학자 제프리 알렉산더Jeffrey Charles Alexander의 해석이다.[9] 상상조차 하기 어려운 테러의 공포 속에서 현실의 참혹함을 딛고 위로와 희망을 나누는 데는 피해자와 그들의 가족은 물론, 사회 구성원들이 서로 연결되어 있다는 감각connectedness이 중요한 기여를 했다는 것이다. 공동체라는 감정의 문화적 구조가 위기의 시대에 활용할 수 있는 정서적 자원을 공급한 덕분이다.

여성가족부 폐지를 공약으로 내세운 윤석열 정부가 출범한 이후, 여성가족부의 존폐를 둘러싼 실랑이는 계속되고 있다. "구조적 성차별은 없다"는 후보 시절의 주장에 따라 2022년 12월 현재 윤석열 대통령은 여성가족부를 형식적으로라도 폐지하거나, 적어도 성평등 정책은 축소하겠다는 방침을 굽히지 않고 있다. 그러나 이에 대해서는 여성계의 반대가 이어져왔을 뿐 아니라, 국민 의식조사에서 여성가족부 폐지에 찬성하지 않는다는 의견이 많아진 것도 벌써 한참 되었다. 윤석열 정부 출범 초기인 2022년 5월 미국 바이든 대통령의 방한 당시《워싱턴포스트》기자가 던진 성평등 정책 관련 질문이나, 9월 미국 해리스 부통령 방한 당시 회담의 3대 의제 중 하나로 성평등 정책 확대가 포함되었던 일은, 한국의 성평등 정책에 대한 미국과 전 세계의 높은 관심을 보여준다.

"구조적 성차별은 없다"는 말은 사실일까? 이미 여러 차례 언론을 통해 팩트체크가 이루어졌지만, 이에 대해 설명하려면 '구조적 성차별'이란 무엇인지 따져보는 일이 먼저일 것이다. 구조structure란 계속 반복되어 유형화된patterned 사회제도와 조직, 의식의 총체로서 사회 구성원들의 삶에 실질적 영향력을 행사하는 틀framework이라고 정의할 수 있다. 그러므로 구조적인 것은 뒤르켐적 의미에서 '사회적 사실social facts'이며, 물리적으로 포착될 수 있다.

성차별의 경우, 가장 간단한 지표인 성별 임금격차만 해도 한국은 OECD가 관련 통계 자료를 수립한 이래 가장 큰 격차를 지속적으로 생산하고 있다. 성별 임금격차가 32~34퍼센트 수준으로 일관되게 지속되어왔다는 것은, 한국의 노동시장에서 성별 임금격차가 하나의 패턴으로 고정되었으며, 이러한 지표를 생산한 체계적 요인들이 오랫동안 효과적으로 작동해왔다는 사실을 알려준다. 이것이 바로 구조적 성차별의 존재다. 그리고 사회학과 여성학 등 사회과학의 수많은 연구들은 훨씬 더 정교한 이론과 방법을 통해 구조적 성차별의 존재를 증명해왔다.

여성운동과 페미니즘은 구조적 성차별이 사라진 사회를 지향한다. 그런 점에서 "한국 사회에 구조적 성차별이 없다"는 말이 진실이라면 누구보다도 반가워할 이들이 페미니스트들이다. 그러나 아직도 한국 사회에는 구조적 성차별의 소멸보다 존속의 증거가 훨씬 더 많다. 이 책은 그 증거들 중 작은 일부가 될 것이다.

'페미니스트'라는 말은 한국 사회에서 일종의 주홍글씨가 되어왔다. "당신 페미 아냐?"라는 질문은 비난이자 조롱, 위협의 언어가 되어왔다. 그런데 나의 '페미 정체성'을 묻는 그는 페미니즘을 무엇이라고 생각하는 걸까? 페미니즘은 여성과 남성이 시민으로서 동등한 권리와 책임을 갖고 자유롭고 안전하게 살아갈 수 있는 사회를 지향하는 민주주의 실천이다. 만약 페미니즘을 비난하는 누군가가 있다면, 그는 바로 이런 민주주의 사회를 거부하고 있음을 인정해야 한다. 민주주의 이념에도 여러 갈래가 있고, 무정부주의부터 공산주의 국가의 인민민주주의에 이르기까지 극단적인 사고가 있다. 페미니즘의 갈래도 다양하고, 그중에는 서로 인정하기 어려운 주장들이 있을 수 있다.

그러나 수많은 여성학자들이 지적해온 것처럼, 어떤

사상이 페미니즘으로 인정받기 위해서는 두 가지 요소, 즉 성평등 지향과 주변인 관점이 필요하다. 개인의 성별과 성 정체성이 무엇이든 시민으로서 동등한 권리를 지닌다는 사실과, 역사적으로 어느 사회나 집단에서든 상대적으로 주변인의 위치에 머물러온 여성의 경험과 인식에 기초해, 사회적 약자의 입장에서 변화의 방향을 추구해야 한다는 것이다.

정치·경제·사회·문화의 모든 영역에서 여성과 남성이 평등하고 사회적 소수자의 목소리가 배제되지 않는 사회, 성역할과 남성성/여성성 규범으로 인간을 옭죄어 온 '젠더gender'라는 꽉 끼는 옷strait-jacket을 벗어버리고 자신의 정체성과 욕구에 따라 자유롭게 살아갈 수 있는 사회가 페미니즘과 여성운동이 목표로 하는 사회다.

여성주의 실천이 크고 작은 성취를 이루어가는 한, 백래시도 계속될 것이다. 이제 안티페미니스트 백래시를 이해하고, 더 효과적인 대응을 위한 전략이 필요한 시점이다. 이런 시기 이 중요한 고민에 작은 참고라도 될까 싶어 책으로 만들어보았다. 부끄러움이 앞서지만, 성평등 사회를 향한 실천의 절실함을 되새기며 미숙한 원고를 세상에 내놓게 되었다. 책이 나오기까지 기다려주시고 수고를 아끼지 않은 도서출판 동녘에 깊은 감사의 마음을 전한다.

3장 | 정치가 된 혐오, 한국의 백래시

4장 | 민주주의의 위기와 백래시 대응

1장

안티페미니스트
백래시란
무엇인가

1

개념과 양상

안티페미니스트 백래시anti-feminist backlash는 여성과 남성이 동등한 기회와 대우를 보장받아야 한다는 사상에 대한 명백한 또는 암묵적인 반대를 가리킨다.[1] 정치와 경제, 사회와 문화, 가족과 개인들의 관계에서 성별 불평등을 해소하고, 성역할 규범을 바꿔가려는 실천이 여성운동이라면, 여성운동이 성과를 거둔 곳곳에서 안티페미니스트 백래시도 등장했다.

근대사에서 여성운동이 시작된 이래로 수많은 반발과 반격이 일어났다. 개인적 차원에서 페미니스트들에 대한 비난과 공격이 나타난 것은 물론, 제도적 차원에서 여성들의 요구를 차단하는 법과 정책이 등장하기도 했다. 교육과 취업에서 동등한 기회와 여성의 참정권을 주장했던 19세기 여성운동이 제 목소리를 내고 한 걸음씩 앞으로 나아갈 때마다 백래시는 어김없이 나타났다.

여성의 참정권을 주장했던 올랭프 드 구주Olympe de Gouges나 평등한 교육과 취업 기회를 요구했던 메리 울스턴크래프트Mary Wollstonecraft, 임신중지의 자유를 외쳤던 마거릿 생어Margaret Sanger와 같은 페미니스트들 개인에 대한 공격이 이루어졌을 뿐 아니라, 동일노동 동일임금이나 모성보호와 같은 여성 노동운동의 요구도 역이용되었다. 여성의 노동시장 진입을 제한했던 영국의 남성 중심 노동조합과 자본가, 의회의 동맹은 대표적인 사례. 미국의 여성 노동 이론가인 하이디 하트먼Heidi Hartmann에 따르면 19세기 영국 공장의 미숙련 직종에서 여성들의 취업이 늘어나자, 남성 숙련공 중심 노동조합과 자본가, 의회가 연합해 여성 노동자에 대한 동일노동 동일임금 제도와 위험유해 작업을 금지하는 법안을 통과시켰다. 이는 결과적으로 여성의 취업을 제한했는데,[2] 이 법들로 인해 여성 노동자에 대한 평등과 보호 조치가 강화되는 것에 반발한 고용주들이 여성 고용을 기피할 것이라고 예상했기 때문이다.

이처럼 성평등을 요구하는 여성운동의 발목을 잡는 백래시는 법과 정책뿐 아니라 미디어, 가족, 교육, 노동, 보건의료 등 거의 모든 사회적 영역에서 발생해왔다. 우리가 살고 있는 21세기에도 여성운동에 대한 공격은 도처에서 일어나고 있으며, 때로 더 강해지기도 한다. 2019년 초 미국 미시간대학의 여성과 젠더 연구센터 Institute for Research on Women and Gender, IRWG에서 열린 백래시 심포지엄*에 참여한 페미니스트들은 전 세계적으로 포퓰리즘이 득세하는 상황에서 페미니스트 프로젝트에 대한 우익 보수주의의 반대가 거세지고, 성평등 정책이 무력화되며, 젠더 정의 지지자와 여성 정치가, 성소수자 등에 대한 공격이 늘어나고 있다는 데 동의했다.[3] 그리고 이 현상을 **안티페미니스트 백래시**라고 규정했다.

이 심포지엄에서는 안티페미니스트 백래시의 두 가지 양상에 대한 토론이 이루어졌다. 먼저 눈에 띄는 것은 **일시적 반격으로서의 백래시**다. 여성운동의 특정 이슈·의제·성과를 둘러싸고 일시적이거나 비교적 짧은 기간에 격렬히 진행되며 폭발적인 힘을 갖기도 한다. 이에 비해 **일상적·지속적 공격으로 나타나는 백래시**도 있다. 특별한 계

---

* '백래시와 페미니즘의 미래(Backlash and the Future of Feminism)'를 주제로 열린 이 기념할 만한 세미나에서는 미국·유럽·라틴아메리카의 학자들이 참여해 전 세계적인 백래시 동향을 진단하고, 개념과 기준에 대해 토론하며 사례를 분석했다. 《백래시》의 저자 수전 팔루디도 참여했으며, 그의 인터뷰 리포트와 심포지엄 발표문들은 2020년 1월에 발간된 *Signs: Journal of Women in Culture and Society*, Vol.45, No.2에 수록되었다.

기 없이도 여성 정치인들이나 페미니스트들에게 개인적인 괴롭힘이나 폭력을 행사하는 경우다. 이때 백래시는 일시적이고 예외적인 사건이 아니다. 여성 정치인이나 페미니스트들에 대한 근거 없는 비난이나 조롱, 성적 대상화, 배제, 그들의 업적에 대한 평가절하 등은 어느 사회에서나 찾아볼 수 있다. 일반적으로 알려져 있는 백래시는 첫 번째 개념(일시적 반격으로서의 백래시)이지만, 심포지엄에서는 두 번째 개념(일상적·지속적 공격으로 나타나는 백래시)도 주목을 받았다.

이에 안티페미니스트 백래시는 근대성modernity의 일부, 즉 현대사회에 내재된 기본적인 요소이며, 외부적이거나 이질적인 것, 또는 불규칙하게 나타나는 것이 아니라는 주장도 제기되었다.[4] **안티페미니스트 백래시는 근대성의 부드러운 작동 질서 속에서 체계를 지키는 데 필요한 피해를 정상화하는 담론과 연결되어 있다**는 것이다. 다시 말해서 우리가 살고 있는 사회 역시 가부장적 질서와 성별 불평등 체계를 기본적인 구조로 삼고 있으며, 여기서 여성에게 주어지는 차별과 억압을 정당한 규범으로 유지해가려는 힘이 안티페미니스트 백래시라는 것이다. 이렇듯 오래된 질서를 바꾸려는 시도는 종종 반격의 대상이 되어왔다. 이런 접근을 취하는 연구자들은 우리가 모두 백래시에 연결되어 있다고 주장한다.

2

여성혐오와의 차이

안티페미니스트 백래시는 여성운동과 페미니즘에 대한 공격이지만, 여성혐오misogyny와는 구별해야 한다. 타운센드벨Erica Townsend-Bell은 여성혐오와 백래시를 개념적으로 구분했다. 그에 따르면 '여성혐오'란 가부장적 규범이 효력을 발휘하고 통제한 결과, 여성이 가부장적 법과 질서를 위반할 경우 적대hostility에 직면하기 쉬운 사회적 환경의 속성을 가리킨다.[5] 이는 가부장제의 영속적인 집행 도구로서 넓은 문화적 맥락 속에 자리 잡고 있다. **여성혐오는 일상적으로 미묘하게, 표식 없는 규율 양식으로 작동하는 구조화된 위계이며, 백래시에 선행한다.** 그것은 폭력에 앞서 있고, 폭력과 상호작용한다.

여성혐오는 역사상 대부분의 사회에서 나타났으며, 현대사회에도 내재된 특징이다. 그것은 사물의 '자연적 질서'의 일부로서 일상적인 권력 행사 속에 뿌리를 두고 있다.[6] 다시 말해 여성혐오는 가부장적 규범이 영향력을 갖는 사회에 내재된 문화적 코드로, 성별 위계체제를 지속시키며 일상적으로 작동하는 감정 기제라고 할 수 있다. 따라서 성차별과 성별 위계가 존재하는 사회의 내부에 깊숙이 자리 잡고 있으며, 인간의 의식과 무의식에 걸쳐 있다.

이에 비해 **백래시는 정확하든 아니든 여성들이 일정한 성취를 이뤘다는 지각에 의해 촉발된다.**[7] 페미니스트의 성취에 직면한 이들이 그에 맞서 기존의 권력을 유지하거나 재강화하려는 태도나 행위와 관련된다. 그러므로 백래시는 권력이 어떻게 형성되고 분배되어야 하는지에 대한 판단을 토대로 한다.[8] 누가 권력을 갖거나 갖지 말아야 할지, 가질 수 없는지에 관한 문제의식을 포함한다.

그러므로 **백래시는 여성혐오와 밀접한 관계가 있다.** 타운센드벨은 이를 4개의 명제로 제시했다.[9] 첫째, 여성혐오와 백래시는 연속선(스펙트럼)상에서 작동한다. 둘째, 여성혐오와 백래시는 위계적으로 구조화된 권력을 중심으로 조직된다. 한쪽 끝에 있는 여성혐오는 '자연적인 또는 반사적인' 위계를 포함하며, 다른 쪽 끝에 있는 백래시는 기존 위계를 강화하는 넘을 수 없는do-not-cross 경계를 포함한다. 셋째, 백래시는 권력을 '가져야' 하는 사람들, 즉 위계의 꼭대기에서 '자연적' 권력을 소유한 사람들로부터, '가져서는 안 되는' 사람들, 즉 아래의 집단들로 권력이 이전되는 것을 막으려는 의도에서 시작된다. 넷째, 이렇게 결합된 주장들은 연속선 위의 매개적 노드(결절점)를 구성한다. 여성혐오와 백래시는 하나의 스펙트럼에서 양극단에 위치해 있는데, 여성혐오가 좀 더 반사적인 한쪽의 노드로서 현상유지와 관련되어 있다면, 백래시는 훨씬 더 적대적으로 현상유지를 요구하는 반대쪽 노드라고 할 수 있다. 즉, 여성혐오가 의식은 물론 무의식의 차원에서 지속되는 성차별 코드라면, 백래시는 권력의 쟁탈을 위한 강력한 성차별적 수단이라고 볼 수 있다.

타운센드벨은 백래시를 '교정적인 것remedial backlash'과 '선제적인 것preemptive backlash'으로 구분했다.[10] 교정적 백래시가 여성운동의 성취가 일정 수준 달성된 상황에서 이를 무화無化하려는 시도라면, 선제적 백래시는 여성운동의 성과가 가시화되기 전에 미리 제압하려는 시도를 가리킨다. 따라서 타운센드벨의 성차별 스펙트럼은 **여성혐오—선제적 백래시—교정적 백래시**로 이루어진다. 여성혐오가 일상적으로 나타나는 구조화된 차별이라면, 중앙의 노드인 선제적 백래시는 권력의 상실을 미연에 방지하려는 시도이며, 다른 끝단의 노드인 교정적 백래시는 상실한(또는 상실할 수 있는) 권력에 대한 탈환 시도를 가리킨다.

여성혐오와 백래시의 관계에 대한 이런 개념화가 왜 필요할까? 여성운동과 페미니즘에 가해지는 비난이나 공격은 그 성격이 모두 같진 않으며, 원인이나 효과도 다르므로 정확한 이해가 필요하기 때문이다. 그리고 이러한 이해가 바탕이 되어야 대응 전략도 찾을 수 있다. 우리가 일상적으로 부딪히는 여성에 대한 무시나 폄훼, 공격의 대부분은 여성혐오에 기반을 둔다고 할 수 있는데, 백래시의 경우 동일한 젠더 세력관계를 토대로 하면서도 훨씬 더 정치적이고 조직화된 양상을 띠며, 거시적인 제도·정책·집단을 목표물로 삼는다.

3

감정의 기제

　백래시는 강력한 감정 기제emotional mechanism를 포함한다. 이런 감정 기제의 밑바닥에 깔린 동기는 **페미니즘 비난하기**blaming feminism다. 브라우네Victoria Browne는 영국에서 사회 이동이 줄어들고 일자리가 부족해진 것이 "페미니스트 혁명의 결과"라는 교육부 장관 데이비드 윌렛David Willetts의 2011년 4월 발언을 예로 들어, 백래시를 정치적·경제적·사회적·문화적 영역에서 나타나는 여성의 완전한 참여에 대한 적대와 의심의 순환으로 정의했다.[11] 실업의 증가, 계층 간 불평등 심화와 같은 광범위한 사회경제적 문제의 원인을 여성에게 돌리고 페미니즘을 비난하는 것이다.*

백래시의 정동情動, affect, 즉 사회적 영향력을 갖는 감정으로서 백래시는 **르상띠망**ressentiment 개념으로 접근해볼 수 있다. 르상띠망은 인정recognition 또는 지위status 획득의 실패에서 오는 분노와 관련된 개념으로, '원한怨恨'의 의미가 있다.[13] 니체Friedrich Wilhelm Nietzsche로부터 시작되어 막스 셸러Max Scheler가 정립한 이 개념은 **욕망하는 것의 가치를 인정하는 대신 그 가치를 전도轉倒하면서 형성된 일종의 허위의식을 뜻하며, 타인과 자신을 비교하고 자신의 열등함에 분노하는 시기심envy을 토대로 삼는다.**

이는 정의justice의 실패를 인지한 데서 형성되는 '분개 resentment'와 다르다. 분개는 불공정하게 대우받고 있다는 감각에서 형성된 도덕적 감정으로, 롤스John Rawls는 이것이 단순한 화anger와는 다르며, 더욱 중요한 정치적·도덕적 감정이라고 규정했다. 분개는 옳음과 관련된 감정으로, 정의의 실패로 인한 상처이자 불의에 대한 관심과 관련되어 있다.

르상띠망은 중지되고 연기되고 망가진 복수심revenge으로, 고통스러운 상처들을 계속 불러일으키는 부정의

---

* 1970년대 초와 20세기 초, 미국에서 페미니즘이 확산될 시기에 페미니즘은 극단주의(extremism)와 남성에 대한 증오를 포함하는 이념이라고 비난받았다. 따라서 여성들은 페미니스트로서 자신을 정체화하는 데 주저할 수밖에 없었다.[12]

감정이다.[14] 그것은 복수심을 행사할 대상으로서 희생양을 찾고, 복수를 통해 자신의 고통을 타인에게 강요함으로써 부정적인 쾌락 또는 쾌락의 역전된 형식을 추구한다. 르상띠망을 경험하는 주체에게 쾌락은 자신의 복지 증진에서 오기보다는 타인의 불행에서 오기 때문이다. 엘스터Jon Elster에 따르면 분개는 상호작용의 감정이지만, 르상띠망은 비교의 감정이다. 분개는 옳음에 대한 긍정에서 출발해 그름에 대한 수정을 요구하지만, 르상띠망은 자신의 무능함이나 권리 부족에 대한 지각에서 출발해 일반화된 불특정한 복수심으로 표출된다. 르상띠망은 희생양을 세우고 피의 복수vendetta라는 판타지를 숭배하면서 강렬해진다.

르상띠망 개념을 더욱 확장적으로 해석한 사람은 포스트모던 페미니스트 웬디 브라운Wendy Brown이다. 그는 백래시를 "르상띠망의 심리적 동학에 의해 가속화된 규율 국가의 정상화 실천"이라고 정의하며, 후기근대성의 성격과 인간의 정체성 형성과 관련해 르상띠망의 개념을 사용했다. 그에 따르면 현대의 주체는 급격한 실패와 커가는 시기심으로 특징지어진다. 이런 조건에서 르상띠망은 세 개의 주요 특징을 지닌다.

첫째, **고통의 외재화와 대체**. 자신이 느끼는 고통을 투사할 외부 대상을 찾아다니며 희생양을 만들어낸다. 자신의 상처에 책임이 있다고 가정되는 가해자를 찾고, 상처를 대체하기 위한 복수의 지점을 생산한다. 그리고 이런 행위를 통해 고통을 해결하기보다는 행위 자체를 반복하는 것에서 쾌감을 느낀다. 둘째, **의지의 실패**. 이런 에토스에 의해 구조화된 정체성에는 자신의 무능함이 깊이 각인되어 있다. 권력에 대한 무딘 비판을 시작하나, 내면의 자기애적 상처로 끊임없이 회귀한다. 무기력과 나르시시즘, 자기연민이 지배적인 정서가 된다. 셋째, **피해자 조건의 증식과 신성화**. 자신을 끊임없이 피해자로 인식하며, 이런 피해자 의식에 갇힌 트라우마의 제국에서 벗어날 수 없다고 느낀다.[15] *

---

* 웬디 브라운은 르상띠망의 정동이 안티페미니스트는 물론 페미니스트 진영에서도 나타난다고 보았다. 그의 설명에 따르면, 니체적 시각에서 볼 때 적극적 조치에 대한 찬성과 반대라는 정치적 전략은 모두 과거와 현재의 상처를 법 속에 각인시키려는 동일한 욕망에 의해 선택된다.[16] 이런 전략들은 모두 상처에 대해 복수하고 고통을 다시 전파하려는 자극과 같다. 두 경우 모두 르상띠망은 상처를 압도하는 정동(분노, 올바름)을 생산하고, 상처를 대체하는 복수의 지점을 생산한다. 이런 작동들은 그렇지 않았더라면 견딜 수 없었던 것을 개선하는 동시에 외재화한다.

그러므로 빈곤한 여성들을 종속적 존재로서 담론화하거나 아동과 같은 취약한 이미지와 연결하는 관행은, 르상띠망과 종속적 국가 주체를 생산하는 규율적 실천들의 반동적인 피해자 비난 정치 속에서만 이해될 수 있다. 그러나 이런 이해는 국가를 바꾸기 위한 전략에서 문제가 있다. 웬디 브라운은 국가 제도에 대한 여성의 참여를 확대하려는 페미니스트들의 전략에 의문을 제기했는데, 여성을 임파워링하기보다는 종속되고 규율화된 국가적 주체들로 만들며, 강제적 모성, 재생산 노동에의 고립, 서비스 노동의 게토화, 개별 남성에 대한 의존 등을 낳는다고 보았기 때문이다. 따라서 브라운은 현재의 반민주주의 세력과 싸우기 위해 자유를 재개념화할 필요가 있고, 정치적 근거를 도덕적·사법적 근거로 이양시켜 정치를 처벌로 축소하

서구 사회에서 이런 정동은 20세기 후반 **신자유주의 통치성**neo-liberal governance이 확장되면서 더욱 강력해졌다. 칼 폴라니Karl Polanyi의 지적처럼, 현대 자본주의 사회가 지속 가능하려면 '시장에서의 경쟁'과 함께 '사회적 보호'라는 안전장치를 둠으로써 경쟁에서 탈락한 시민들이 생존해갈 수 있는 시스템을 갖추어야 한다. 그러나 신자유주의 시대에는 '사회the social'가 점차 약화되고, '시장'이 전일적인 지배력을 갖는다. 신자유주의 체제를 채택한 국가는 더 이상 개인의 안전과 복지에 대한 일차적인 책임을 지지 않기 때문이다.

따라서 개인들은 시장에서의 경쟁력을 갖추기 위해 자신을 통제하고 적응하려 하지만, 경쟁의 실패자는 계속 양산될 수밖에 없고 그들은 무력한 상태에 빠진다. 이는 결국 실패에 맞서 싸우고 적응하는 위험이 국가나 사회, 정치가 아니라 개인의 책임으로 주어지는 **후기근대사**

는 가해자와 피해자의 정치경제학을 넘어서야 한다고 주장한다.[17]
브라운의 이러한 논의는 르상띠망의 개념을 후기근대사회의 정체성과 연결해 심화시켰다는 장점이 있다. 그러나 페미니즘이 여성을 피해자화했다는 주장이나, 빈곤한 여성을 종속적 존재로 담론화했다는 주장에는 동의하기 어렵다. 미국을 비롯한 서구 사회에서 여성을 국가의 종속적 존재로 설정하는 보수주의 정당의 전략이 있었지만, 페미니스트들은 이를 넘어 자율적인 정치 주체로서 여성운동을 구축해왔기 때문이다. 따라서 여성의 정치세력화에 대한 그의 비판에 대해서도 동의할 수 없다. 브라운의 르상띠망 개념은 신자유주의 사회에서 백래시를 주도하는 백인 남성들의 상황을 이해하는 데 적합한 것으로 보인다.

회의 비극적인 개인화와도 관련이 있다. 개인은 홀로 세계의 불확실성에 맞서고 절대적인 책임을 지지만, 명목적인 개인일 뿐 실질적인 의미에서 자신을 실현해갈 수 있는 힘(능력)은 갖지 못한다. 이는 바우만Zygmunt Bauman이 지적한 명목적 개인, 즉 법적으로는 개인의 지위를 부여받았지만 사회경제적 조건이 갖춰지지 않아 실제로는 개인 주체로서 자신을 실현해갈 수 없는 모순적 상황에 처한 존재다.[18] 그 결과, 무력한 개인은 말 그대로 르상띠망의 감정에 휩싸인다.[19] 르상띠망은 분노한 사람이 자신의 문제를 극복할 수 없게 하는 **방어기제**defence mechanism로 작용한다.

심리학에서 방어기제는 심리적으로 극복하기 어려운 현실에 직면해 문제를 직접 해결하지 못하고, 현실을 왜곡시켜 불안에서 벗어나고 체면을 유지해 자기를 보존하려는 무의식적 책략을 가리킨다. 이런 신경증적 방어기제의 하나로서 **전위**轉位, displacement는 '치환' 또는 '전치', '대치'로도 불리는데, 내면의 위협적 충동을 초자아가 수용 가능한 하위의 대상에게 분풀이하는 것이다. 이는 자신보다 약하거나 사회적으로 허용된다고 여겨지는 약자로 목표를 바꾸어, 관련 대상이 아닌데도 분노를 투사해 풀어버리는 행동을 뜻한다.

안티페미니스트 백래시는 사회경제적 변화로 공포와

두려움을 느끼는 집단이 여성운동과 페미니즘에 분노를 투사하고 희생양으로 삼는 사회적 현상이다. 여기서 여성운동과 페미니즘이 감정 전위의 대상이 되는 것은, 이들이 사회적 약자의 지위에 있었지만 격차가 줄고 있으며, 특히 그들에 대한 공격이 사회적으로 허용되기 때문이다. 여성혐오라는 문화적 코드와 특정 시기 민주적 변화에 대한 반발이 겹친 가운데, 사회문화적으로 공격이 용인되는 취약한 집단으로서 여성, 그리고 이 취약성의 문제를 지적하는 페미니즘과 그것을 해체하려는 여성운동이 공격의 목표물로 떠올랐다.

여기서 다시 생각해봐야 할 점은, **페미니즘과 여성운동에 대한 공격을 사회적으로 허용하거나 인정하는 정치적 맥락의 중요성**이다. 이런 공격을 용인하는 정치적 맥락 속에서 안티페미니스트 백래시는 힘을 갖는다. 따라서 그러한 정치적 조건이 존재하지 않을 때, 즉 어떤 정치세력도 이런 공격을 도덕적으로 정당화하거나 정치적 주장으로 승인하지 않을 때, 안티페미니스트 세력도 존재감을 드러내기 어려울 것이다.

4

교차성의 작동

  백래시는 성별과 인종, 계급, 계층 등 사회적 요인으로 생겨난 여러 불평등이 중첩되는 조건 위에서 발생한다. 성별·인종별·계급별·계층별 불평등과 차별이 교차하는 사회적 맥락 안에서 백래시는 어느 한 차원의 변화에 대한 반발이기보다는, 복합적인 차별과 불평등에 대한 옹호로 나타나기 쉽다. 따라서 백래시는 **교차성**intersectionality을 띤다.

  미국 사회의 역사적 경험은 이러한 백래시의 교차성을 잘 보여준다. 1940~1950년대 미국에서는 복지 혜택을 받는 가난한 어머니들에 대한 공격Backlash against Welfare Mothers이 나타났다. 특히 흑인 싱글맘에 대한 비난의 목소리가 커졌는데, 이후 1960~1970년대 민권운동이 끝나갈 무렵에는 흑인 싱글맘을 '복지 여왕들welfare queens'이라고 조롱하는 백인 노동계급 남성들의 분노가 폭발했다.

1980년대 이후 신자유주의 시장경제가 확산되고 보수 우파의 공세가 강화되면서 1996년에는 개인책임법Personal Responsibility Act이 통과되었다.* 이 법이 제정되는 과정에서 가난한 흑인 여성 싱글맘은 거의 악마화되는 지경에 이르렀다.[21] 부도덕한 사생활과 무책임한 출산, 낮은 학력과 낮은 소득, 파트너와의 결별 등으로 정부의 복지수당에만 의존함으로써 국가 재정을 압박하는 비생산적 인구라는 낙인이 찍혔다. 청문회와 미디어에 의해 가난한 복지 수혜자 어머니들의 이미지가 부풀려지면서,

---

* 1996년 제104차 미국 의회에서 '개인책임 및 노동기회 조정법(The Personal Responsibility and Work Opportunity Reconciliation Act of 1996, PRWORA)'이 통과되었다. 이 법안은 미국 복지 정책의 대표적 제도였던 '부양 자녀가 있는 가족 지원(AFDC)' 프로그램을 '빈곤 가정을 위한 임시 지원(TANF)' 프로그램으로 대체했으며, 공화당이 주도해 클린턴 대통령과의 협상 후 수정을 거쳐 통과되었다.

기존의 AFDC는 1980년대부터 복지 수혜자들이 "빈곤의 악순환에 갇힌" 것이라고 주장하는 보수주의자들로부터 많은 비판을 받았다. 1994년 선거 이후 공화당이 장악한 의회는 복지 개혁을 위한 두 가지 주요 법안을 통과시켰지만, 클린턴 대통령은 거부권을 행사했다. 클린턴 대통령과 뉴트 깅리치 하원의장이 협상한 후 의회는 PRWORA를 통과시켰고, 클린턴 대통령은 1996년 8월 22일 법안에 서명했다. PRWORA는 주 정부에 사회복지 프로그램을 관리할 수 있는 더 큰 권한을 부여하고, 평생 혜택 한도를 5년으로 제한하는 등 복지 수혜자에 대한 새로운 요구 사항을 포함했다. 법이 통과된 후 연방 복지 혜택을 받는 개인의 수는 급격히 감소했다.[20]

이들은 아동 학대나 청소년 범죄를 증가시키는 원인으로 지목되기도 했다. 또한 여성들에게 자녀 양육을 등한시하고 지나치게 취업에만 관심을 갖는다는 비난이 가해지는 한편, 어린 자녀를 둔 여성들을 지원하는 프로그램의 예산이 삭감되면서 그들이 노동시장에 나가지 않으면 안 되는 상황도 동시에 전개되었다.

이렇듯 신자유주의 시장경제 중심 정책의 확대로 여성 관련 사회서비스는 예산 삭감과 민영화가 진행되었으며, 양육을 비롯한 가족 돌봄 비용과 여성들의 부담은 가중되어갔다. 정신질환과 관련된 의료복지 역시 축소되어 노숙자 수가 증가했고, 성폭력·성착취·약물남용 피해에 대한 청소년·성인 여성들의 취약성이 높아졌다. 여성 폭력 피해자에 대한 지원 예산과 프로그램도 감소했다.

안티페미니스트 백래시는 여성주의 실천에 대한 공격이지만, 단순히 젠더 차원에서만 전개되는 것은 아니다. 여성의 경제적 지위 향상과 사회적 인정, 가족 내 여성의 협상력이 개선되어갈 때 이에 대한 반발과 공격 또한 경제적·사회적·문화적 차원에서 동시적으로 진행된다. 미국의 경우 제2물결 여성운동이 있었던 1980년대의 레이건 정부와 부시 정부, 그리고 21세기 들어 트럼프 정부에서 여성에 대한 복지가 크게 줄었고, 성폭력·가정폭력 피해자 지원 프로그램 역시 감소했다. 노동시장에서 성별 임금격차를 줄이고 유리천장을 깨려는 노력 또한 약화되었다. 동시에 계층별 소득격차가 확대되었으며, 인종차별 해소를 위한 정부의 노력도 축소되었다. 이러한 다중적인 불평등 심화 과정에서 여성은 상대적으로 불리한 위치에 놓이며, 특히 아프리카·아시아·라틴아메리카계의 저소득층·저학력 여성들이 가장 취약한 상황에 놓인다. 안티페미니스트 백래시는 가장 취약한 조건에 놓인 여성들을 더 큰 피해자로 만드는 경향이 있다.

백래시

개념과 유형

백래시backlash는 "사회적 또는 정치적으로 일어난 최근의 사건이나 변화에 반대하는 집단의 사람들이 느끼는 강력한 감정"[22], "최근의 사회적 변화에 대한 강력한 부정적 반작용"[23]이다. 우리말로 번역하면 '반동反動', '반격反擊'이 될 것이다. 그러나 번역어보다는 '백래시'라는 원어가 이미 한국 사회에서 널리 사용되고 익숙해져 있다. '등back'을 '후려치다lash'라는 뜻으로 합쳐지는 두 단어가 쉽고 명확한 이미지를 떠올리게 하기 때문이다. 누군가를 뒤로 돌려세운 후 등짝을 때리는 행동의 이미지는 사회 현상으로서 백래시의 효과를 분명하게 보여준다. 이러한 점을 고려해 이 책에서도 번역어 대신 '백래시'를 그대로 사용하고 있다.

1990년대 초 미국의 수전 팔루디Susan Faludi가 《백래시 Backlash: The Undeclared War Against American Women》를 출간한 후, 한국 사회에서 백래시의 용어와 개념은 주로 여성학 분야에서 사용되었고, 최근에는 언론을 통해 대중 사회에도 널리 알려졌다. 이 책에서 주목하는 현상도 여성주의 실천에 대한 반격으로서 '안티페미니스트 백래시', '반反여성주의 백래시'라고 할 수 있다. 그런데 '백래시'가 늘 여성운동에만 따라붙는 것은 아니다. 민주화 운동이나 진보 정치의 성과를 되돌리려는 반작용 역시 백래시라고 부른다.

역사적으로는 반여성주의 백래시보다 반민주주의 백래시가 훨씬 먼저 나타났고, 사례도 훨씬 많다. 민주주의의 발전을 거꾸로 되돌리려는 반동적 움직임은 어느 시대 어느 사회에나 있어왔기 때문이다. 따라서 백래시도 어느 사회에나 존재한다고 할 수 있다. 이 중 사회 현상으로서 우리가 특별히 주목하는 백래시는, 일정한 규모와 영향력을 가지고 민주주의 제도와 문화를 후퇴시키려는 정치적 의도가 있는 반작용이다. 그러나 한국은 물론 전 세계적으로 백래시에 대한 연구 자체가 매우 드물다. 서구에서도 1990년대에 시작되었으며, 2000년대 이후에는 최근 들어 활발해지고 있다.*

백래시는 현상유지status quo**에 도전하는 시도에 대한 거부**

로서, 권력이 약해졌다고 느끼는 집단에 의한 반작용reaction으로 정의할 수 있다. 백래시는 세 가지 요소로 구성된다.[24] 첫째, 어떤 것에 대한 **반작용**이다. 둘째, 이런 반작용은 **강압적인 힘**을 포함한다. 셋째, 반작용은 일반적 의미에서 자신이 원하는 것을 얻을 수 있는 능력capacity으로서 **과거의 힘을 일부 또는 전부 되찾는 것**을 목적으로 한다. 정리하자면 백래시는 일정한 작용에 대한 반작용으로, 현재는 잃어버린 무언가를 찾기 위해 개인이나 집단이 행사하는 강제적인 힘 또는 압력이라고 할 수 있다.

과거에는 자신의 것이었지만 현재에는 잃어버린 어떤 것에는 돈이나 재산 같은 물질적인 것뿐 아니라 인간이 지닌 능력이나 권력도 포함된다. 사람들은 때로 능력이나 권력의 상실을 물질적 상실보다 감정적으로 더 애석해하기도 한다. 자신의 어떤 능력이나 권력에 익숙해지면 자아의 자연스러운 일부로 여기게 되고, 그런 능력이나 권력을 잃게 되면 심리적 고통과 함께 분노를 느낄 수 있다. 이런 상실과 분노를 경험한 사람들에게 나타나는 즉각적인 반응은 능력(권력)으로서 잃어버린 힘을 되찾으려는 시도이며, 이는 때로 강제력

---

* 직접적으로 백래시 개념을 사용하지 않는 민주주의와 여성운동에 대한 수많은 연구들도 퇴행적 사건과 역사를 다루어왔다. 그러나 백래시 연구는 민주주의의 퇴행보다 반동적 공격을 가하는 세력에 초점을 둔다는 특징이 있으며, 백래시 개념을 분석의 도구로 사용할 때 훨씬 더 체계적인 접근이 가능하다는 점에서 기존의 관련 연구와 차이가 있다.

을 동반하기도 한다. 이때 강제력은 두 가지 형식으로 나타나는데, **제재의 위협과 힘의 사용**이다.[25] 백래시는 미묘한 형태의 위협(비난, 조롱, 저주, 배척 등)으로 나타나기도 하고, 훨씬 더 명확한 힘의 사용(살해, 강간, 구타, 린치 등)을 동반하는 폭력성을 띠기도 한다.

그러므로 한 사회에서 백래시가 전개되는 양상은 **절망의 정치**politics of despair의 모습을 띤다.[26] 매우 부정적인 감정 기제들이 동원되기 때문이다. 역사적으로 많은 사회에서 다양한 사회운동에 대해 여러 형태의 백래시가 이루어져왔다. 노골적인 힘의 행사, 폭력이나 위협, 운동의 연대를 분열시키는 '분할 정복devide and conquer' 같은 의도적 전략들 외에 조롱과 낙인찍기stigma, 침묵시키기, 부드러운 억압 등도 있었다. 이는 상징적·물리적 폭력이 동원되고, 인간의 정신과 육체를 파괴하는 공격을 자행한다는 점에서 가장 부정적인 형태를 띤 힘의 행사 방식이라고 할 수 있다.

백래시는 시간적 지속성에 따라 두 유형으로 구분될 수 있다.[27] 특정 시기에 일시적으로 나타나는 **에피소드적 백래시**episodic backlash가 있는가 하면, 사회 현상의 밑바닥에 늘 자리 잡고 주변화된 집단에 대한 일상적 공격으로 종종 등장하는 형태도 있다. 롤리Michelle Rowley 등은 이를 **살아 있는 백래시**living backlash라고 불렀다. 백래시는 일반적으로 특정 시기에 한정된 사회 변화를 둘러싼 강력한 반작용을 가리키지만, 현대사회의 저변에 깔린 부정적 정동(사회적인 영향력을 갖는 감정)으로서 언제든 사회적 수면 위로 표출될 수 있다는 것이다.

백래시는 집단, 국가, 개인 누구나 대상이 될 수 있으며, 그것이 반대하는 어떤 운동에도 영향을 줄 수 있다. 제도적 차원의 공격은 종종 정치적인 성격을 띠지만, 개인 역시 백래시의 타깃(목표물)이 될 수 있다. 예를 들어 할당제나 차별금지처럼 민주주의 확대를 위한 제도·정책에 대한 비난과 공격도 있고, 사회 변화 또는 진보적 가치에 대해 지지를 표명하거나 실천에 참여하는 개인들에 대한 공격도 자주 발생한다.

진보 운동에 대한 반작용

민주주의의 확대에 대한 반발로서 '백래시'라는 용어는, 1960년대 미국의 민권법 제정을 둘러싼 논쟁에서 주목받기 시작했다.[28] 1964년 2~6월에 민권법Civil Rights Act 통과를 두고 상원에서 토론이 진행되었는데, 이 법에 반대한 백인 정치인들의 반발을 가리켜 언론이 '백래시backlash'라고 부른 것이 출발점이다. 인종차별 철폐가 핵심인 민권법에 대한 당시 백인 남성 정치인들의 반발은 극심했으며, **화이트 백래시**white backlash, 즉 차별금지에 반대하는 백인들의 반격을 가리키는 용어도 이때 탄생했다. 아프리카계 미국인의 시민권운동 확산에 대한 반발, 1963년 11월 케네디 대통령 암살, 존슨 정부의 시민권 관련 입법 추진에 대한 반대가 당시 나타난 주요한 반反행동counter-activism이었다.

이런 집단행동의 저변에는 공통된 감정이 하나의 정동으로 자리 잡고 있었다. 백인들이 아프리카계 미국인들의 동등권 요구로 인해 자신들의 지위가 추락하며 피해를 입는다고 느끼게 되었다는 점이다. 이러한 피해자로서의 감정은 백인들의 집단적 분노로 결집되었고, 시민권운동에 대한 반발도 거세졌다. 그러나 결국 민권법은 1964년 하원에 이어 상원에서도 통과되었으며, 같은 해 7월 3일 존슨 대통령의 서명으로 발효되었다. 그리고 1964년 백래시는 "미국 정치에서 올해의 용어"로 선정되었다.[29] 이 법의 시행으로 인종분리와 차별은 금지되었지만, 오늘날까지도 인종차별은 미국 사회에서 가장 심각한 사회문제 중 하나다.

이후 '백래시'는 미국 정치의 중심이 된 모든 유형의 사회운동과 문화적 전환에 대한 반작용의 의미로 통용되면서 주류 집단의 보수적 행동과 동의어로 자리 잡았다.[30] '남부 지역 백래시Southern backlash', '남성 백래시male backlash', '이성애자 백래시heterosexual backlash', '재산세 백래시property tax backlash', '환경운동에 반대하는 백래시backlash against environment' 같은 것들이 나타났다. 시민권 입법이 통과된 지 몇 달 후 한 저널리스트는 "미국은 **다수의 백래시들**multitude of backlashes의 한가운데 있다"

고 말할 정도였다.[31] 그러나 동시에 이 모든 종류의 역풍은 아프리카계 미국인들의 지위 향상에 대한 백인들의 반격과 관련이 있었다. 백래시는 1960년대 시민권운동 이후 1970년대 여성운동, 1990년대 동성애 권리운동에 반대하며 계속되었다. 이 사건들은 겉으로 보기에는 분리되어 있지만, 미국 정치문화에 깊숙이 내재된 반동적인 전통reactionary tradition의 맥락 위에 서 있었다.*

백래시를 주도한 백인들은 시민권운동이 지나치게 속도가 높고 공격적이라고 주장했다. "너무 멀리 왔고 너무 빠르다Too far. Too fast"는 것이 그들의 공통된 생각이었다.[33] 그 결과 백인들의 분노와 자기연민이 확산되었고, 시민권운동을 자신이 겪는 불운의 원인으로 지목하는 백인들이 늘어갔다. 이들이 느낀 감정은 1964년 7월 통과된 민권법이 아프리카계 미국인들에게 우대와 특권을 제공함으로써 일자리를 내어주게 될 것이라는 백인들의 공포심white panic이었다. 현실에 존재하지 않는 사회적 압력을 문제 삼고 스스로를 피해자화함으로써 백인 백래시 행동가들은 반동 정치를 이어갔다. 일종의 선제적 백래시였던 셈이다.

---

* 미국 역사에서 백래시는 1860년대 남북전쟁 후 재건 시기(Reconstruction Era) 까지 거슬러 올라간다. 공식적으로 노예제도를 폐지하며, 범죄자인 경우를 제외하고 비자발적 예속을 금지시킨 미국 수정헌법 제13조(Thirteenth Amend-ment to the United States Constitution)가 1865년 상원에서 최종 통과되자, 이에 대한 반대운동이 백인들 사이에서 시작된 때다.[32]

그 결과, 백인 백래시는 **전위의 정치**politics of displacement로 이어졌다.[34] 평등권이 부정된 당시 법제도에 대한 정의를 요구하는 사람들로부터, 사회 변화에서 위협이나 불편함을 상상하는 사람들로 정치의 초점이 옮겨간 것이다. 미국 언론은 인종 평등 수준을 높이기 위한 사회적 변화에 맞서는 백인들의 심리적 상황을 "감정 실린 투쟁"으로 묘사했다. 1964년 4월《월스트리트 저널》은 다음과 같이 기록했다.

시민권 법 통과가 점쳐지는 가운데 북부의 백인들이 느끼는 강렬한 분노는 그들에게 법안이 두려움의 상징으로 해석되었기 때문이다. 흑인에게 일자리를 잃을 수 있다는 두려움, 동네 학교가 흑인 아이들로 넘칠 것이라는 두려움, 주택 소유자들이 새로 이사 온 흑인 이웃에게 집을 팔아야만 하는 두려움이다.

이런 상상 속에서 백인들은 **스스로가 불공정의 피해자라는 프레임을 만들어냈다.** 이에 대해 마틴 루터 킹Martin Luther King은 당시 백인들의 백래시가 **"오래된 현상의 새로운 이름"**이며 **"저변에 존재하면서 때때로 미국인들의 삶의 표면으로 떠오른 것"**이라고 해석했다.

이처럼 백래시 정치는 현대 자유주의 사회의 구속 요인 constraint이 되어왔다. 백래시의 동학은 20세기 중반 이후에도,

그리고 21세기 들어서도 반복되고 있다. 1970년대 여성운동
과 평등권 수정법안Equal Rights Amendment, ERA(남녀평등헌법수정
안)*에 대한 반대운동, 1980~1990년대에 부양 자녀가 있는 가
족 지원Aid to Families with Dependent Children, AFDC과 같은 사회복지에
대한 반대 캠페인 등은 '성난 백인 남성angry white male' 장르의
영화 속에서 종종 등장했다.[35]

    그리고 이들의 정치세력화가 초래한 '증오 투표hate vote'
의 결과가 2016년 도널드 트럼프Donald Trump의 대통령 당선이
다. 아프리카계 미국인 최초로 대통령에 선출된 버락 오바마
Barack Obama에 대한 백래시의 결정판이라고 할 수 있다. 미국
사회에서 우파 백래시 행동가들은 코로나19의 팬데믹 사회
에서도 사회적 거리두기에 집단적으로 반대해왔다. 그들은
코로나19의 확산을 막기 위한 공중보건 조치들이 자유권을
빼앗고 있다고 주장했다. 이 같은 트럼프 백래시는 2020년 대
통령 선거 후 성난 백인 남성들의 국회의사당 난입 사건이라
는 미국 역사상 최대의 정치적 폭력으로 일단락되었다.

---

*   여성을 차별하는 많은 주와 연방의 법을 무효화하는 미국의 헌법수정안.
핵심적인 기본 원칙은 성(sex)이 남성이나 여성의 법적 권리를 결정하는 기
준으로 작용해서는 안 된다는 것이다. 평등권 수정법안은 1923년 미국 의
회에 처음 제출되어 1972년 상원의 승인을 받았다. 이후 1년 만에 30개 주
에서 비준을 얻었지만, 보수적인 종교·정치 조직의 거센 반대에 부딪혀 필
수 기준선인 38개 주의 비준을 얻지 못해 1982년 폐기되었다.

백래시,
그 낯설고
익숙한 세계사

1

근대 페미니즘의 출현부터
제1물결 페미니즘까지

페미니즘에 대한 비난과 공격은 근대 페미니즘이 출현한 때부터 존재했다. 페미니즘은 1789년 바스티유 감옥 습격으로 상징되는 프랑스대혁명과 여기서 공포된 인권선언에 이념적 뿌리를 둔다. 인권선언의 제1조 "모든 남성은 평등하고 자유롭게 태어나 그렇게 살아갈 권리를 갖는다"는 언명에서 여성이 배제되어 있다는 사실을 발견한 프랑스 페미니스트 올랭프 드 구주는 2년 뒤인 1791년, 인권선언을 그대로 본뜬 〈여성인권선언〉을 발표한 후 단두대에서 처형되었다. 영국에서도 1792년 메리 울스턴크래프트가 《여성권리의 옹호A Vindication of the Rights of Woman》를 발표했지만, 그의 삶 역시 순탄하지 않았다.

유럽의 몇몇 국가에서 19세기 중반 이후 본격화된 제
1차 여성운동에 따르면, 여성은 남성과 마찬가지로 이
성reason을 가진 존재로서 잠재된 능력을 꽃피우고 결실
을 거둘 수 있는 정치경제적 기회가 허용되어야 한다. 제
1물결 페미니스트들은 여성의 교육 기회 확대, 노동권
보장, 참정권 획득, 가족법 개정 등을 요구하며 남성과
동등한 권리를 얻기 위해 싸웠다. 시간이 지나면서 여성
의 교육과 취업 기회가 늘어났고, 몇몇 국가에서 여성의
선거권과 피선거권을 인정하는 정치 개혁이 이루어졌다.

그러나 19세기 말과 20세기 초에 접어들면서 이에 대
한 반발도 확대되었다. 안티페미니즘이라 할 수 있는 반
대의 목소리가 커졌고, 이를 관철하기 위한 단체들이 설
립되었다. 독일에서는 1912년 '독일여성해방반대연합'
이 결성되어 공개적으로 안티페미니즘을 표방했고, 전통
적 성역할과 성별 위계질서 수호를 목표로 삼았다.[1] 동시
에 이들은 반민주적·반근대적·반유대주의적 정치세력
과의 연합을 통해 세력을 키워갔고, 여기에는 대지주, 귀
족, 농민, 보수적 민족주의자와 일부 여성도 가담했다.

제1차 여성운동에 대한 안티페미니즘 공세가 계속
된 것은 **변화에 대한 두려움**에서 원인을 찾을 수 있다.[2] 근
대사회에서도 여전히 지속되고, 오히려 더욱 공고해진
성역할과 성별 분업, 공사 영역의 분리, 여성에 대한 남

성의 지배는 페미니스트들의 강한 비판을 받았다. 그러나 가족 내 젠더 위계, 취업과 정치적 참여 기회의 배제 등 불평등한 조건을 개선하려는 여성운동은 다수의 남성과 일부 여성에게 불편하거나 불안하고, 때로는 위협적인 것으로 여겨졌다. 현상유지에 도전하는 모든 사회운동이 그런 것처럼, 권력을 가진 집단은 사회 질서의 변화에 두려움을 느끼고 반발하기 쉽다. 19세기 프랑스에서는 남성 공화주의자들조차 여성의 참정권에 반대했다.[3] 1804년 제정된 나폴레옹 법전의 민법편Code Civil은 남성에 대한 여성의 하위성을 원칙으로 제시했다. 여성은 미성년자·하인과 같은 지위로서 결혼과 가족 안에 갇힌 존재로 규정되었다.

19세기 안티페미니즘은 여성들 사이에서도 동조자를 얻었다. 가족 안에서 남성에게 경제적으로 의존하고 종속적인 지위에 머물렀던 여성들은 페미니즘이 표방하는 독립된 삶을 수용하기가 쉽지 않았다. 교육과 취업 기회가 제한되어 있던 여성들에게 결혼하지 않은 삶은 빈곤과 고독에 빠질 위험으로 이끌어가는 함정처럼 여겨졌다. 전통적 가족관계 속에서 살아가는 많은 여성들에게 **"전근대적 정체성을 벗어던지라는 주문은 분명 엄청난 모험"**이었다.[4] 안티페미니즘은 자신의 존재조건에 대한 여성들의 비극적 인식 위에서도 싹을 틔웠다.

이처럼 안티페미니즘은 복잡하게 얽힌 일련의 두려움에서 영양분을 공급받았다.[5] 성역할과 성별 경계에 대한 여성들의 도전은 남성들에게 변화를 촉구했지만, 남성들은 강력하게 저항했다. 주체적인 여성의 등장으로 자신들의 권력과 지위가 상실될까 봐 두려워했던 남성들은 유럽 사회 곳곳에서 페미니즘에 대한 반대 행동을 벌여나갔다. 전근대적 여성성과 남성의 보호로부터 벗어나라는 페미니즘의 요구에 두려움을 느낀 여성들 또한 안티페미니즘의 대열에 합류했다.

이런 상황은 다수 여성들에게 새로운 억압과 불행을 가져다주었지만, 20세기 후반에 등장한 안티페미니스트 백래시와 비교하면 전사前史에 불과했다. 안티페미니스트 백래시라고 부를 만한 거센 후폭풍은, 1960년대 말 이후 제2물결 페미니즘이 휩쓸고 간 서구 사회에서 본격적으로 등장했다. 그것은 이전과는 매우 다른 새로운 현상이었다.

2

제2물결 페미니즘부터
수전 팔루디의 《백래시》까지

백래시 개념이 여성운동에서 주목받게 된 계기는 1991년 수전 팔루디의 《백래시》가 출간되면서부터라고 할 수 있다. 팔루디는 백래시를 "미국에서 1970년대 여성운동이 쟁취한 한 줌의 작은 승리를 무력화하려는 노력으로서, 1980년대에 나타난 여성의 권리에 대한 강력한 역습이자 반격"이라고 정의했다.[6] 구체적인 사건으로는 1970년대 말 기독교 복음주의 우파들이 뉴라이트 운동을 조직하고, 1980년대 초 평등권 수정법안ERA을 무산시키며, 미디어를 통해 여성운동과 페미니스트들을 공격한 행위 등을 들 수 있다.

팔루디는 백래시를 가부장제의 오래된 성차별이나

억압과는 다른 것으로 보았다. 팔루디의 책에서 백래시는 "페미니즘의 파워를 증명하는" 것으로, 여성운동이 일정한 성취를 이루었을 때 나타나는 반작용이다.[7] 그러나 여성이 완전한 평등을 달성했을 때가 아니라, 그럴 가능성이 나타나기 시작할 때 터져 나온다. "백래시는 여성들이 결승선에 도착하기 한참 전에 여성들을 멈춰 세우는 선제공격"이라는 것이 팔루디의 설명이다.[8]

팔루디에 따르면, 여성운동에 대한 백래시는 미국에서도 1970년대 훨씬 이전부터 존재해왔다. 미국에서 백래시의 역사는 영국 식민지 시대까지 거슬러 올라가는데, 19세기에 참정권운동과 1920년대 초반과 1940년대 초반에 평등권 수정법안ERA 운동이 진행될 때, 그리고 1970년대 초에 수정법안이 의회를 통과할 때 발생했다. 또한 1982년 이 법이 주 정부의 비준을 얻지 못해 운동이 실패했던 시기에도 영향력을 발휘했다.

또 다른 배경 요인은 임신중지권abortion rights 획득 운동이다. 1972년 미 연방대법원은 임신중지를 허용하는 판결(로 대 웨이드Roe v. Wade)을 내리면서 여성의 재생산권을 인정했다. 이에 대한 반격으로 가톨릭교회와 개신교 복음주의 교단은 낙태 반대운동을 전개했다. 그리고 2022년, 미 연방대법원은 1972년의 판결을 뒤집었다. 트럼프 정부에서 임명된 보수주의 대법관들이 대법원의 다수를 차지한 결과였다. 이후 미국 주의 거의 절반가량에서 임신중지를 위한 의료 행위가 불법화되었다. 이처럼 팔루디는 **여성운동에 대한 백래시가 순환적**cyclical이라고 보았다. 여성운동이 성과를 거둔 후 여성운동을 무력화하기 위해 끊임없이 등장해왔다는 것이다.

1980년대 미국 사회를 휩쓸었던 여성운동에 대한 백래시는 세 가지 특징이 있다.[9] 첫째, **남성에 대한 역차별 주장**으로, 적극적 조치Affirmative Action와 같은 차별 시정제도가 남성을 피해자로 만들어왔다는 주장이다. 둘째, **페미니즘은 여성에게도 나쁘**다는 비난이다. 당시 언론에서 크게 주목받았던 〈하버드-예일 결혼 연구〉는 고학력이고 긴 커리어를 지닌 30세 이상의 비혼 여성들이 평생 결혼할 확률은 20퍼센트에 불과하다는 결과를 발표했다. 페미니즘의 '독립 신화'로 인해 사회적으로는 성공했지만 결혼하지 못하는 외로운 여성들이 늘어나고 있다는 주장이다. 셋째, **여성은 이미 남성과 평등하다고 주장하는 포스트페미니즘**이다. 이에 따르면 여성은 남성과 동등한 지위를 얻었으므로 실제로는 여성들 스스로 페미니즘을 거부하고 있다.

팔루디는 평등에 대한 여성의 요구를 억압하는 주장들을 지목해 현실에는 존재하지 않는 신화myths라고 비판하며, 이것들이 백래시의 버팀목이 된다고 해석했다.

파탄주의* 이혼법은 이혼한 여성들의 생활수준을 떨어뜨림으로써 그들을 불행하게 만든다거나, 전문직 여성 중에 불임이 늘어나고 있으며 경력이 긴 여성일수록 정신적 질병을 겪게 된다는 주장, 보육시설에서 자라는 아이들이 회복될 수 없는 손상을 입는다는 등의 주장은 당시 미국 사회를 휩쓸던 신화들이다. 이런 스토리들은 신문에 보도되고 사실로 받아들여졌지만 거짓이었다.

팔루디는 미디어를 통해 확산되는 이런 신화들을 트렌드 저널리즘trend journalism이라고 부르며 여기서 만들어지는 신조어들, 예를 들어 '마미트랙mommy track', '생물학적 시계biological clock', '남자 부족man shortage' 같은 것들에 주목했다.** 모두 여성의 상황을 불리하게 해석하는 단어들이다. 미디어들은 여성운동이 약간의 진보를 이루었지만 여성들은 여전히 불만족한다며, 이는 페미니즘의 진전이 여성들에게 스트레스를 일으키기 때문이라고 주

---

* 혼인관계가 파탄에 이를 정도로 어려워진 경우 어느 배우자에게도 책임을 묻지 않고 이혼을 허용한다는 원칙. 파탄에 책임이 있는 배우자는 이혼 청구가 불가능한 '유책주의'와 달리, 유책 배우자도 이혼 청구가 가능하다.

** '마미트랙'은 기혼 여성들이 자녀 양육 때문에 승진이 결여like된 저임금 일자리에 머물러 있는 현상을 가리킨다. '생물학적 시계'란 여성은 생물적으로 임신 가능 시간이 매우 짧고 정해져 있다는 의미로 사용되는 은유다. '남자 부족' 현상은 똑똑한 여성들의 수준에 걸맞은 능력과 지위를 갖춘 남자들이 점점 더 부족해져, 페미니스트 여성들은 결혼할 남자를 찾기 어렵다는 통속적 주장이다. 팔루디는 이 세 단어 모두 여성들과 페미니스트들을 불안하고 두렵게 하려는 의도가 있다고 해석했다.

장했다. 1980년대의 방송은 집 밖으로 나온 여성들을 비난했고, 드라마 속 비혼 커리어우먼들은 늘 화가 나 있거나 신경증적 성격을 가진 존재로 묘사되었다. 당시 특히 성형수술이나 화장품 산업 같은 미용 산업이 팽창했고, 이는 백래시 안에 포함된 문화적 기제로서 가장 피상적이었지만 여성들에게 가장 파괴적인 영향을 끼쳤다고 팔루디는 평가했다.

시대적 배경 역시 백래시의 등장에 한몫했다. 백래시는 1970년대 민권운동의 부상과 베트남 패전에서 비롯된 미국 패권주의의 추락, 그로 인한 주류 세력의 불안, 1981년 집권한 레이건 정부가 미국의 경제위기를 정부의 개입 탓으로 돌리고 시장경제를 확대해가자, 경쟁이 심화되면서 남성들의 좌절과 분노가 응집되어 나타난 반작용이었다. 즉, 신자유주의 사회에서 사람들이 느끼는 불안정성에 대한 속죄양으로서 여성에 대한 공격이라고 할 수 있다.

적의 얼굴을 알 수 없을 때 사회는 그것을 만들어낸다. 하락하는 임금과 불안정한 고용, 과도한 집값에 대한 걷잡을 수 없는 불안 같은 것들은 공격 대상을 필요로 하는데, 1980년대는 그것이 대체로 여성들이었다.[10]

팔루디가 보기에 이런 반격의 정치를 이끈 것은 부와 사회적 영향력이 있고 미디어와 재계·정계를 주름잡는 남성들이었다. 자신들의 권력이 줄어든다고 느끼는 집단은 불안을 투사할 희생양을 찾았는데, 이때 천주교 신자들, 유대인들, 흑인들, 페미니스트 여성들이 지목되었다는 것이다. 가난하거나 학력이 낮은 남성들은 반페미니즘 테제의 창시자이기보다는 수용자였고, 그들 역시 여성들에게 화살을 돌리고 응징함으로써 위안을 얻으려 했다.[11]

3

정치적 보수주의와의 연합

미국에서 정치적 보수주의자들은 헌법이 보장하는 개인의 자유와 권리에 따라 남녀 모두가 선택의 기회를 동등하게 누린다고 주장해왔다.[12] 그러므로 정부의 적극적 조치와 과도한 복지 정책에 반대한다. 또한 모든 사람이 자신의 재능과 노력, 선택에 따라 동등한 기회 속에서 경쟁하고 보상받을 수 있는 제도로서 능력주의meritocracy야말로 가장 공정한 사회 시스템 원리라고 주장한다.

보수주의자들의 비난의 초점은 **적극적 조치가 역차별과 같다는 것**이다. 이를 뒷받침하는 논리로, 먼저 여성에 대한 차별 자체가 존재한다는 사실을 부정한다. 이들에 따르면 고용이나 임금, 승진 등과 관련해서 노동시장에 성차별이 존재한다는 사실은 입증될 수 없다. 통계 수치에서 성별 격차가 나타나더라도 상관관계일 뿐 인과관계를 증명하는 것은 아니며, 통계 자체는 차별을 입증할 수 없다고 본다. 차별을 증명하기 위해서는 특정 개인에 대한 특정 개인의 의도적 배제를 증명하도록 요구되지만, 집합 수준에서 작용하는 기술적 지표로서 통계는 개인의 차별 의도에 대한 어떤 정보도 제공하지 않기 때문이다.[13] 여성이 특정한 지위에서 낮은 비중을 차지하는 것은 자격 부족에 원인이 있다는 게 이들의 주장이다. 이들에 따르면 자격 없는 여성에게 주어지는 우대조치는 자격을 갖춘 남성 지원자에게 역차별이 된다.

이들이 보기에 사회정책으로서 여성에 대한 우대조치는 과도한 포용over-inclusive이며, 이로 인해 발생하는 역차별은 보상의 대가를 남성에게 전가한다. 그리고 여기서 대가를 치러야 하는 남성은 실질적 차별과는 무관한 존재이므로 임의적arbitrary 처벌을 감당해야 한다. 미국의 보수주의자들은 과거의 부정의injustice가 있다 해도, 그로 인해 고통받은 집단에게 보상적 정의를 제시한다는 관념은 헌법에 명시된 개인의 권리와 양립 불가능하다고 주장해왔다.[14] 이처럼 적극적 조치를 남성에 대한 역차별로 규정하는 논리에 따르면 차별은 증명하기 어렵고, 설사 있다 하더라도 집합적 수준의 증명이 개인 수준의 보상이나 처벌을 정당화하진 않는다.

그러나 이에 대한 반박은 충분히 가능하다. 첫째, 차별에 대한 통계적 증명은 팔루디의 《백래시》가 발간된 1990년대 이래로 30여 년간 지속적으로 발전되어왔다. 많은 연구들은 미국 사회에서 성별 임금과 노동 조건의 격차를 측정하고, 여성에 대한 차별을 통계적으로 입증해왔다.[15] 둘째, 구조적 성차별을 인정한다고 해도 개별 남성의 수준에서는 자신의 행위가 아닌 이유로 기회가 제한될 수 있다는 주장에 대해서는, 적극적 조치를 도입하지 않는 상황은 그 자체로 성차별적 관념과 제도를 내재하기 때문에 집합적 여성에게는 차별적이며, 집합적 남성에게는 부당하게 유리한 것일 수 있다. 따라서 **이 문제를 해결하려면 집합적 수준의 시정 조치가 선행되어야 하며, 이를 토대로 개인적 수준에서 차별 시정 노력이 이루어져야 한다.** 그런 의미에서 적극적 조치는 남성을 피해자로 만드는 것이 아니라, 오랫동안 지속되어온 성차별적 제도와 문화, 구조와 의식이 초래할 수 있는 불평등 효과를 사전에 차단하려는 장치로 봐야 한다.

이처럼 **안티페미니스트 백래시는 보수주의**conservatism**와 반동주의**reactionism**가 안티페미니즘과 결합할 때 나타난다.**[16] 보수주의자들은 젠더 규범에 기초를 둔 현상유지가 적절하다고 믿으며, 원칙적으로 성평등을 반대하진 않지만 현재의 성평등 주장은 너무 나갔고, 페미니즘은 더 이상 필요하지 않다고 생각한다. 그리고 반동주의자들은 민주주의적 진보 자체를 무조건적으로 거부한다. 따라서 이들 모두는 성평등과 여성운동을 통째로 거부하는 안티페미니스트들이며, 인식의 저변에는 여성혐오가 깔려 있다. 백래시는 페미니스트의 성과를 후퇴시키는 공유된 의제 속에서 보수주의자들이 반동주의자들과 결합하는 순간 일어난다. 대표적인 사례가 트럼피즘Trumphism이다.*

<small>* 팔루디는 도널드 트럼프가 반(反)신자유주의와 안티페미니즘을 연결해 힐러리 클린턴을 공격했다고 보았다. 백인 노동계급 남성들이 자신의 경제적·정치적 지위 하락에 대해 느끼는 분노를 동원했다는 것이다.[17]</small>

4

트럼피즘과 남성 피해자론

2019년 백래시 심포지엄에서 팔루디는 1980년대 백래시가 페미니즘이 여성을 불행하게 만든다는 신화를 중심으로 확산되었다면, 현재의 온라인 여성혐오는 페미니즘이 남성, 특히 젊은 남성을 비참하게wretched 만든다는 메시지를 중심으로 전파된다고 지적했다.[18] 이 시대의 많은 남성들을 불행하게 만드는 어떤 것이 존재하며, 이는 경제적 양극화와 일자리 감소, 노동의 질의 충격적 하락 같은 사회경제적 요인과 관계가 있다. 그러나 현실에서는 그 원인을 여성의 독립으로 돌리려는 경향이 나타난다.

이런 상황에 대해 팔루디는 "여성은 좀 더 많은 진전을 이루었고, 남성은 덜 안정적이고 더 절망적이고 더 화가 나 있다. 이런 **피해자 테이블을 돌려서 남성을 약자로 위치 짓고, 이것이 페미니즘과 소수자 권리운동에 의해 초래된 것으로 만들려는 욕망이 있다**"고 해석했다.[19] 그리고 도널드 트럼프 대통령은 바로 이런 욕망을 능숙하게 조직하는 데 성공했다고 평가했다. 분노를 투사할 희생양을 찾고 처벌할 수 있는 재단cult을 만들어냈다는 것이다.

그의 희생양은 이민자, 소수민, LGBT 등 다수였다. 그러나 여성, 특히 페미니스트적 성취와 열망을 표현한 여성들이 우선적인 타깃이었다. 그의 2016년 대선 승리는 힐러리 클린턴을 노동자계급이 지닌 환멸의 상징으로, 글로벌 엘리티즘global elitism의 상징으로, 심지어 기술변화의 상징으로 악마화했던 그의 능력에 근거한 것이었다. 클린턴과 페미니즘은 궁지에 몰린 미국의 남성들을 괴롭히는 모든 것에 책임이 있는 악귀bogey-woman가 되었다. 트럼프는 힐러리의 살해자, 뻔뻔하고 고삐 풀린 남성 분노의 '목소리'가 되겠다고 약속한 강한 남자가 되었다. 남성들의 문제를 진정으로 다루지 않은 채, 그는 그들에게 차선을 제공했다.[20]

이런 정치적 선동이 초래한 감정적 결과는 무엇인가? 팔루디는 백래시가 여성 전체를 목표물로 하지만, 특히 유색인 여성에 대해 가장 심한 독설을 퍼붓는다고 지적한다. 성차별주의와 인종차별주의가 강력하게 얽혀 있는 것이다. 따라서 그 현실적 효과는 가장 취약한 여성 집단에게서 두드러진다. 소수집단 여성, 저소득층 여성, 이주자 여성이 트럼프 정부의 가족·여성·아동 복지 정책의 축소로 가장 큰 피해를 입었기 때문이다.

제2물결 페미니즘에 대한 반발로 전개된 20세기 후반 안티페미니스트 백래시가 페미니즘이 여성들을 불행하게 한다는 메시지에 초점을 두었다면, 21세기 백래시는 페미니즘 때문에 남성들이 불행해졌다는 주장으로 이동해왔다. 그동안 페미니즘과 여성운동은 적지 않은 성과를 거두었고, 그 결과 남성이 피해자가 되어왔다는 인식이다. 그러나 이러한 주장이 객관적 사실을 통해 증명되진 않고 있다. 미국 사회에서 여성의 지위가 개선되어온 것은 분명하지만, 여전히 주요 영역에서 남성과의 격차가 존재하며, 무엇보다도 남성이 겪는 사회경제적 불안은 여성에게도 주어진 현실이기 때문이다.

그러나 트럼프 현상이 나타난 이후 여성운동에 대한 공격은 계속되고 있으며, 가장 큰 피해자는 사회경제적으로 가장 취약한 조건에 있는 여성들이다. 팔루디 또한 트럼프 현상은 분명 엘리트 여성에 대한 분노에서 시작되었지만, 그 실제 영향은 빈곤층과 저소득층 여성에게서 더 강력하게 나타날 것이라고 우려했다.

5

유럽을 뒤흔든 반젠더 캠페인

유럽에서는 2008년 미국발 금융위기로 인해 초래된 경제위기가 지속되면서 급격한 정치경제적 변화가 일어났다. 이 변화의 특징은 보수주의의 재등장이었고, 그 가운데 백래시가 있었다. 백래시는 안티페미니즘뿐만 아니라 인종차별, 동성애 혐오, 외국인 혐오, 종교적 극단주의와 같은 반민주적 행동주의activism의 연합 세력으로 구성되어 있었다.[21]

백래시 행동은 거리나 미디어, 학교에서의 일상적인 미세 공격부터 의회·정부의 공식 프로그램 속 정부 관료나 정치가의 증오 발언에 이르기까지 폭넓게 나타났고, 트위터의 온라인 폭력부터 개인과 집단에 대한 신체적 공격까지 다양한 양상으로 전개되었다. 이에 "유럽에서 젠더 정책과 성평등은 공격당하고 있다"는 지적들이 쏟아져나왔다.

유럽 13개국의 백래시 추세를 조사한 파테노트David Paternotte와 쿠어Roman Kuhr의 연구에 따르면,[22] 반젠더anti-gender 캠페인이 강력하게 분출된 것은 2010년대에 들어서면서부터다.[23] 그 이전에는 가톨릭교회와 보수정당·집단의 주도로 동성 간 결혼이나 파트너십에 대한 법적 인정 반대(2004년 스페인, 2007년 이탈리아, 2009년 슬로베니아)와 성교육 반대(2006년 크로아티아) 등의 사건이 있었다. 그러나 가장 강력한 반격은 2012년 프랑스에서 나타났다. 동성혼 반대 시위 '모두를 위한 항의Mani pour Tous'는 당시 올랑드François Hollande 대통령 주도로 도입된, 동성혼과 동성 커플의 권리를 인정하는 법안을 거부하기 위한 목적으로 조직되었다.

이 반대운동은 파리를 비롯한 여러 도시에서 수천 명의 시위자들이 참여하는 가운데 2년 이상 이어졌으며, 독일, 이탈리아, 폴란드, 러시아, 슬로바키아 등 유럽 각국으로 확산되었다. 프랑스에서는 도입된 법에 대한 반동으로 일어났지만, 크로아티아와 슬로바키아에서는 아직 발의되지 않았음에도 동성혼 인정 법안에 대한 반대운동이 일어났다. 이는 아직 현실화되지 않은, 미래에 나

타날 주장에 대한 예방적인 반격, 즉 선제적 백래시라고
할 수 있다.

이런 백래시에서 공격의 핵심은 '젠더 이데올로기'였
다. 동성혼 반대자들은 젠더를 이데올로기로 낙인찍고,
그들이 우려·반대하는 모든 사회개혁의 뿌리로 간주했
다. 그들은 젠더 이데올로기가 새로운 형태의 전체주의
로서 마르크스주의와 파시즘보다 더 위험하다고 비난했
으며, 서구 식민주의자들의 프로젝트라고 주장하기도 했
다.[24]

유럽 사회를 뒤흔든 안티페미니스트 백래시는 네 가
지 특징으로 요약될 수 있다.[25] 첫째, 가장 뜨거운 논쟁거
리는 동성혼과 시민연대계약Pacte civil de solidarité, PACS의 인
정이었다. 시민연대계약은 1999년 프랑스에서 제정된
법으로, 이성이든 동성이든 성인 두 사람으로 이루어진
커플에게 법적 혼인 부부와 유사한 권리를 인정하는 제
도였다. 이 제도는 입양·친권·상속의 권리를 배제했으
나, 2013년 올랑드 대통령이 동성혼을 인정하고 동성 커
플에게 입양과 상속의 권리를 부여하는 법안에 서명함으
로써 동성혼 커플은 부부로서 법적 인정을 받게 되었다.
그리고 이러한 변화를 전후로 유럽에서 레즈비언과 게이
의 법적 권리가 반젠더 캠페인의 주요 타깃이 되었다.

둘째, 재생산권은 '젠더 이데올로기' 담론의 토대라

고 할 수 있다. 임신중지, 피임, 재생산기술이 논쟁의 중심에 놓였고, 임신중지에 관한 각국 법안(2011년 스페인의 임신중지 허용법, 2016년 폴란드의 임신중지 금지법 등)이 논란에 휩싸였다. 교황 요한 바오로 2세는 임신중지에 대해 '죽음의 문화'라고 낙인찍기도 했다. 셋째, 학교의 성교육도 갈등의 영역이 되었다. 전통적인 성 규범을 파괴하고 동성애 등 성적 일탈을 조장한다는 이유에서였다.

넷째, '젠더' 개념 자체도 논쟁거리가 되면서 젠더 폭력, 성주류화gender-mainstreaming, 젠더 연구gender study 등에 대한 공격이 가해졌다. 예를 들어 폴란드와 불가리아에서는 '가정폭력과 여성폭력에 대한 이스탄불 협약Istanbul Convention on Domestic Violence and Violence against Women'을 비준하는 문제를 두고 반론이 제기되었다. 성주류화 역시 독일과 오스트리아에서 논쟁의 주제로 떠올랐다. 젠더 연구는 이데올로기적이고 비과학적이라고 비난받았으며, 오히려 남녀의 생물학적 성차를 강조하고 보완적인 관점으로 접근하는 심리학적 연구들이 환영받았다.

유럽 전역에서 등장한 반젠더 캠페인은 이슈뿐 아니라 행동 방식에서도 서로 유사하다는 특징이 있었다.[26] 시위자 중에는 화려한 색의 축제 복장을 한 활기찬 분위기의 젊은이들이 많았는데, 이들은 자신들을 이성적이고 온화하며 상식적인 행위자로 연출했다. "세상이 너무 나

유럽 각국에서 전개된 반젠더 캠페인의 로고들[27]

갔기 때문에gone too far" 자신들이 나설 수밖에 없다고 주장했으며, 때로 자신들이야말로 피해자라는 수사(레토릭)을 사용하기도 했다. 또한 강력한 로비와 엘리트들에 의해 침묵을 강요당하는 다수를 위한 대변자이자, 국가와 전통적 가족의 옹호자로 자신들을 묘사했다.

이들은 시위, 청원, 서명, 전문가와 지식의 생산, 토론회, 선거 시 동원, 정당 정치 개입, 캠페인 등의 오프라인 활동을 펼쳤으며, 온라인에서 극도로 활발한 모습을 보였다. 이들이 사용한 방법 중 주목할 만한 것은 국민투표 청원이다. 슬로베니아, 크로아티아, 슬로바키아, 프랑스

등에서는 개혁 법안에 반대하기 위한 국민투표를 요구하는 청원 운동이 벌어지기도 했다. 대중을 동원해 정치적 압력을 가하는 나쁜 포퓰리즘의 전형적 사례다.

유럽에서 반젠더 캠페인을 주도한 세력은 두 개의 집단이라고 할 수 있다.[28] 하나는 바티칸 교황청을 중심으로 한 가톨릭교회다. 1990년대 중반 유엔에서 성(섹슈얼리티)과 재생산권리를 인정하는 회의들이 개최되자 (1994년 카이로 인구와 발전 회의, 1995년 베이징 여성회의 등), 바티칸과 신복음주의 교단이 연대를 조직했다. 또 다른 집단은 우익 포퓰리즘 세력이다. 이들은 우익 보수주의 정당과 사회단체, 국가권력을 밀접히 연결하며 성평등 가치가 국가 정책으로 포함되는 것에 반대했다. 이들은 유럽 통합에 대한 회의주의와 인종적 불안, 난민 문제, 이슬람에 대한 반대 등을 반젠더 운동과 결합해갔다.

반젠더 운동 세력은 피해자-가해자의 역전, 희생양 만들기, 음모론 같은 전략을 사용했는데, 이러한 전략의 밑바탕에는 불안과 공포가 있었다. "공포의 정치학politics of fear, 즉 실제 또는 상상된 위험에 대한 공포를 만들어내는 것, 동시에 소수자나 다른 사회집단을 이용해서 희생양을 만들어내고, 감정 영역을 활용해 사람들의 정동을 일으키며, 그들의 즉각적인 감정을 부추기는 것"[29]이 주요 전략의 하나였다. 정치경제적 위기의 시대에 대중들이 사회 변화에 대해 지닌 도덕적 공포감을 활용하려는 것이다.

유럽 각국의 반젠더 운동 세력의 성격과 관련해 파테노트와 쿠어는 두 가지 현상을 지적한다.[30] 먼저, '젠더 이데올로기'를 중심으로 한 포퓰리스트 전략에서 가톨릭교회와 우익 정당의 입장이 늘 일치했던 것은 아니라는 점이다. '젠더 이데올로기' 주장의 시작은 가톨릭교회의 프로젝트였고, 이후 가톨릭과 신복음주의 개신교단의 합작품으로 확대되었지만, 이것이 늘 우익 포퓰리즘과 일직선적인 관계에 있진 않았다. 다음으로, 우익 포퓰리스트들이 반드시 젠더와 성평등에 반대한 것은 아니라는 점이다. 북유럽에서는 우익 포퓰리스트들이 여성과 LGBT 권리를 주장했고, 다른 국가에서도 특히 여성 정치인의 경우 보수정당 출신이 성평등 정책을 지지하기도 했다.

오히려 좌파 지도자들이 보수적 태도를 취한 사례도 적지 않다. 프랑스에서는 사회당Parti Socialiste이 LGBT 이슈를 두고 분열되었으며, 특히 가족구성권과 재생산권에서 동성혼 인정 논쟁이 한창이었을 때, 사회당 당원이자 전 총리였던 미셸 로카르Michel Rocard(1988~1991년 재임)와 리오넬 조스팽Lionel Jospin(1997~2002년 총리 재임, 미테랑 정부에서 교육부 장관과 사회당 제1서기 역임)은 정부의 개혁

입법을 공공연하게 비판했다. 이탈리아에서도 유력한 마르크스주의자들이 공식적으로 반젠더 주장을 지지했다.

이처럼 좌파 정치인들이 반젠더 운동 편에 서는 일은 전 세계적으로 드물지 않다. 라틴아메리카에서는 우파와 함께 좌파도 반젠더 운동을 지지했다. 좌파 출신의 에콰도르 대통령 라파엘 코레아Rafael Corrêa는 성평등을 '젠더 이데올로기'라고 공격한 초창기 인물들 중 한 명이었다. 그는 2013년 TV 프로그램에 출연해 젠더 이데올로기가 가족을 파괴한다고 비난했다. 2018년 멕시코의 로페스 오브라도르López Obrador는 복음주의 정당과 연합해 젠더 이데올로기를 공격했으며, 세 번째 도전 끝에 대통령으로 당선되기도 했다.

6

국가별 백래시 현황

1990년대 이후 안티페미니스트 백래시는 전 세계적으로 확산되어왔다. 21세기 들어서는 서구 사회뿐 아니라 아시아와 라틴아메리카의 국가들에서도 안티페미니스트 백래시의 돌풍이 강력하다. 여성운동이 정치적·경제적·사회적·문화적으로 일정한 성과를 거둔 사회에서 백래시는 여성운동을 멈추게 하고 위축시키며, 여성운동의 사회적 영향력을 감소시켜왔다.

그런데 안티페미니스트 백래시도 국가에 따라 주요 이슈나 대상이 달라질 수 있다. 대부분은 사회문화적 공격과 정치적 공격이 연결되며, 이는 개인·조직·국가기구로까지 확대되고 있지만, 국가마다 공격의 초점이 다를 수 있고, 시간이 지나면서 공격의 대상이 바뀔 수도 있다. 따라서 백래시의 전 세계적인 확산 흐름을 이해하면서도 각국의 사례를 통해 주요 쟁점들을 살펴볼 필요가 있다.

백래시의 과녁이라고 할 수 있는 주요 쟁점들은 각 사회의 역사와 제도, 문화적 조건 속에서 형성되고 변화해왔다. 그러나 동시에, 정도의 차이는 있지만 유사한 요소들로 구성되는 것도 사실이다. 21세기에 나타난 전 세계적 백래시의 보편성과 각 사회의 특수성을 함께 고려하면서 대략적인 흐름을 살펴보자.

1) 미국: 선거 정치라는 영토

21세기 초 미국에서 안티페미니스트 백래시를 완성한 것은 트럼피즘이었다. 여성혐오와 인종혐오, 외국인혐오가 뒤섞인 차별과 증오 정치의 표상으로서 트럼프 대통령의 당선은 우파 포퓰리즘의 시대를 열었다. 무역에서의 보호주의, 군사주의적 공격과 뒤섞인 분리주의, 환경과 기타 규제에 관한 회의주의, 이주민과 유색인종 전반에 대한 반감의 시대가 활짝 열렸다. 여성, 이주민, 무슬림, 유색인, 게이와 레즈비언, 트랜스젠더에 대한 혐오 언설들이 쏟아져나오는 등 잠재적으로 폭력을 조장하는 담론들이 등장하는 가운데 서로 싸우게 만드는 것이 트럼피즘의 백래시였다.[31] 2020년 트럼프는 재선에서 패배해 정치권력을 잃었지만, 그의 재임 시절에 임명된 보수주의 대법관들은 2022년, 50여 년간 지속되어온 여성의 임신중지권을 불법적인 것으로 판결했다.

미국 성평등정책기구Gender Equity Policy Institute의 의장이자 정치학자인 낸시 코헨Nancy L. Cohen은 미국 역사상 페미니즘이 대중적 사회운동에서 승리한 것은 단 두 번뿐이라고 보았다.[32] 1910년대 여성 참정권운동의 마지막 단계와 1970년대 제2물결 페미니즘이 그런 역사들이다. 코헨에 따르면, 1919년 선거권을 획득한 참정권운동은 1920년대에 접어들면서 교육운동으로 전환되었고, 탈정치화되었다. 그 결과 여성은 국가의 정책 결정 과정에서 배제되었으며, 사회복지 정책의 대상으로 주변화되었다. 한편 1972년에는 미국 의회가 평등권 수정법안ERA을 통과시켰고, 1년 사이 38개 주 가운데 30개 주에서 비준되었다. 그러나 이후 전통 가족 내 여성의 특권을 위협한다는 주장과 함께 반대 여론이 끓어올랐고, 1982년 ERA는 기각되었다.

코헨이 보기에 이러한 경험들은 **백래시가 특정 집단의 정치적 이익을 위해 조직된다는 것**을 드러낸다.[33] 안티 ERA

백래시는 그동안 안티페미니스트 백래시에 참여하지 않았던 시민들을 결집해 우익 정치 블록을 형성할 수 있는 기회를 만들었다. ERA가 통과되었던 1972년 이전에는 백인 복음주의자들의 투표율이 다른 백인들보다 낮았다. 그러나 치밀한 보수주의 전략에 따라 그들의 분노가 ERA로 투사된 결과, 기독교 보수주의자들은 규칙적인 투표자들과 정당 활동가들로 탈바꿈했다.

ERA 반대 캠페인은 정치적 안티페미니즘의 개막 행위에 불과했다. 일단 조직되자 안티페미니스트 백인 복음주의자들은 선거 정치에 몰입했고, 그들 중에는 여성도 늘어났다. 그 결과, 2000년에 이르러 기독교 우파는 50개 주 가운데 44개 주에서 공화당에 실질적인 영향력을 행사할 수 있게 되었다. 이후 조지 W. 부시와 도널드 트럼프의 집권 시기에 기독교 보수주의는 성평등 정책을 후퇴시켰고, 입법과 사법 행위를 통해 안티페미니스트 정책을 밀어붙이는 데 주력했다.

코헨은 안티페미니스트 백래시가 성공을 거두게 된 데는 페미니스트의 전략에도 원인이 있다고 보았다. **선거 정치라는 영토를 넘겨주었기 때문이다.**[34] 역사상 많은 페미니스트들은 선거 정치를 회의적인 시각으로 바라보았다. 1920년대 백인 선거권자들이 여성은 너무 순수해서 정당 정치라는 부패한 세계로 끌어들이기에는 어울리지 않는다고 보았던 것처럼, 20세기 말에 많은 페미니스트들은 자신들이 너무 원칙적이어서 타협적인 양대 정당 체계에 참여할 수 없다고 생각했다.[*] 그들이 보기에 공화당은 물론 민주당의 행보도 실망스럽기 그지없었다.

그러나 코헨은 백래시에 대한 효과적인 저항을 이끌어낸 집단은 선거 정치에 뛰어든 페미니스트들이었다고 평가한다.[36] 그들은 1980~1990년대에 우파가 부상한 시기에도 지방선거에 참여해, 에밀리리스트EMILY's List[**] 같은 조직 속에서 민주당의 페미니스트 여성 후보자를 지원해 성공을 거뒀다.[37] 그들은 페미니스트 시민사회 활동가들과 친페미니스트 정치인들을 연결시켰고, 여성에 대한 폭력금지법과 동일임금법 등이 제정되는 성과를 이끌어냈다. 그리고 이런 운동은 정치 영역을 넘어 일상생활에서 성평등 의식을 실현하는 생활정치로까지 확장되었다.

이 같은 페미니즘의 재부상은 21세기에 트럼프의 당선 이후에도 나타났다. 2016년 미국에서 여성이 이끄

---

[*] 선거 정치에 대한 경멸은 페미니스트들만의 독특한 특징은 아니었다. 이 시기 모든 좌파 운동은 선거 정치에 회의적이었고, 민주당에 실망했다.[35]

[**] 에밀리리스트는 "초기 자금은 이스트와 같다(Early Money Is Like Yeast)"는 문장의 약어로, 민주당의 여성 정치인을 위한 재정 후원 조직이다. 1985년에 설립된 이 조직이 선거 자금을 지원한 덕분에 많은 여성 정치인들이 선거에서 승리할 수 있었다. 힐러리 클린턴도 대통령 선거 출마 당시 에밀리리스트의 지원을 받았다.

는 거대한 진보적 저항운동이 다시 등장해 청년 여성과 LGBTQ 여성, 유색인 여성들이 참여했으며, 이들이 지지한 후보들이 2018년 선거와 2020년 대통령 선거에서 승리했다.

코헨은 여전히 관행적 정치에 참여하는 것을 비생산적이라고 보는 일부 페미니스트 이론가들의 의견도 인정한다. 국가는 불가피하게 남성적이기 때문이다. 그러나 코헨에 따르면, **민주주의 국가는 페미니스트 투쟁의 지점이다.** 백래시에 효과적으로 대응하기 위해서는 페미니스트들이 정치적 블록으로 자신들을 조직하고, 선거 정치에서 경쟁해야 한다고 코헨은 주장한다.[38] 2018년과 2020년에 미국 여성 정치인들의 성공은 선거라는 영역이 여성주의 운동에서 갖는 중대한 의미를 보여준 사례라고 할 수 있다.

2) 일본: 국가페미니즘의 성공과 실패

일본의 여성운동은 **강한 관료주의 체제 위에서 국가를 중심으로 법제도적 개혁을 추진해나갔으나, 보수 정부와 언론의 공격으로 인해 동력을 잃어버렸다**고 할 수 있다. 이러한 역사는 '국가 페미니즘의 성공과 실패'로 규정되기도 한다.[39] 1990년대를 전후로 국가가 여성운동의 요구를 반영할 때 하향식top-down으로, 중앙정부에서 지방정부로 확대해갔지만, 2000년대 들어 보수주의 언론과 정치세력의 주도로 성평등 개혁이 좌절되었기 때문이다.

일본 여성운동의 역사에서 젠더 문제가 명백히 가시화되고 뜨거운 논쟁을 불러 일으켰던 시기는 1995~2005년이다.[40] 1970년대 말 대학에 여성학 강의가 개설되었고, 1980년대 풍요의 시대를 거치면서 지역사회 센터 등에서 페미니즘 강의가 급속히 늘어났다. 그 결과 정부는 1995년에 '성평등 사회'의 건설을 공식적인 목표로 선언하기에 이르렀고, 1999년 '남녀평등공동참획사회기본법'이 통과되었다.* 이 법은 그 이름에서 '공동참획共同参劃'이라는 단어를 사용했는데, '참획'은 참여와 계획을 뜻하지만 남녀의 생물학적 차이를 전제로 참여의 내용을 규정했다는 점에서 이 법에 담긴 보수적 인식을 반영하고 있다.[41]**

---

*   1986년 제정된 고용기회균등법이 평등에 대한 보장 없이 여성 보호 조치만을 제거해버리는 위험이 있다는 점에서 페미니스트들에게 비판받았던 것과 달리, 이 법은 성평등을 위한 획기적인 법제로 구상되었다. 이 법은 여성의 사회 참여 증진뿐 아니라 일본 사회의 출산율 향상에도 목적이 있었다.

** 이외에도 성평등 관련 법안이 속속 통과되었다. 1992년 '육아개호휴업법', 1997년 '개호보험법', 1998년 '특정비영리활동촉진법', 1999년 '아동·매춘, 아동포르노 등의 처벌과 아동의 보호 등에 관한 법률', 2000년 '스토킹행위의 규제 등에 관한 법률', 2001년 '배우자로부터의 폭력의 방지 및 피해자

그럼에도 이 법이 통과된 후 일본 사회에서는 유례없는 수준의 백래시가 몰아쳤다. 카노加野彩子는 이것이 이전부터 존재해온 일상적인 남성 쇼비니즘male chauvinism과는 강도나 질에서 달랐다고 평가한다.[42] 2000년대 백래시는 우파가 주도한 교과서 개정운동을 대중적 기반으로 삼았다. 일제 군국주의 침략을 정당화하고 일본군 '위안부' 역사를 삭제한 교과서 개정운동을 통해 대중을 동원하면서, 여성운동과 페미니스트 정책을 또 다른 공격 지점으로 삼았다. 먼저 보수 정파의 매스미디어에서 공격이 시작되어 인터넷으로 퍼져나갔고, 결혼한 부부의 성姓 분리를 허용하는 지자체 조례 개정 반대운동과 페미니스트 성교육 반대운동이 확산되었다. 2005년에는 정부의 성평등 정책에 대한 비판이 아베 신조安倍晋三 총리의 진두지휘 아래 의회에서 제기되어 국민적 논쟁으로 확대되었다.

2000년대 일본의 안티페미니스트 백래시는 '젠더프리gender free' 정책을 목표물로 삼았다.[43] 젠더프리는 1995년 지역사회 교육센터에서 성평등 교육을 위해 활용된 개념으로, 교육심리학자들이 제시했다. 미국의 학자 바버라 휴스턴Barbara Houston의 논문에서 처음 등장했고, 고정된 성역할에 대한 전통적 규범을 비판하며 그로

의 보호에 관한 법률' 등이다.

부터 벗어나자는 의미가 담겨 있다. 강제적인 성역할 규범으로부터의 자유를 뜻하는 것으로 사용된 이 개념은 1990년대 후반 일본 사회 전체로 파급되었고, 2000년대에는 오사와 마리大澤眞理 같은 페미니스트 학자들에 의해 국가 정책의 이념으로 제시되었다. 젠더프리 개념은 남성성과 여성성의 이분법을 넘어설 뿐 아니라, 섹스·젠더·섹슈얼리티 범주의 근본적인 불안정성을 지적함으로써 게이·레즈비언은 물론, 트랜스젠더와 트랜스섹슈얼 개인들까지 아우르는 잠재력이 있다고 평가되었다.[44] *

그러나 보수주의자들은 이러한 이분법의 해체 가능성을 생물학적 불안정성으로 해석하고, 사회적 불안을 조성해갔다. '젠더프리'를 '성별 고정관념으로부터 자유롭다'는 의미 대신 '성별 자체의 제거'라는 의미로 해석하면서 의도적으로 혼란을 부추겼다.[46] 그 결과 젠더프리 정책을 실시하면 학교의 라커룸을 유니섹스화해야 한다는 주장까지 나타났고, 대중들은 더욱 불안해졌다. 보수주의 정치인들과 종교인들, 지역 활동가들도《산케이신문》을 중심으로 젠더프리 교육의 문제점을 지적하는 소소한 기사들을 쏟아냈고, 같은 계열사의 미디어들이 이를 반복적으로 복사·확대·재생산함으로써 젠더프리 교

---

* 카노는 일본에서의 젠더프리가 미국에서의 퀴어와 같다고 해석한다. 따라서 이 시기 성소수자의 담론적 가시성이 커졌다고 평가한다.[45]

2장

86

육을 비난하는 담론이 전국적으로 확산되었다.

카노는 소규모의 보수주의 목소리가 여론을 형성하는 데 이러한 전략이 결정적 역할을 했다고 평가한다.[47] 정치인과 미디어의 비판에 민감한 정부는 결국 자기 검열을 제도화하기 시작했고, 집권당인 자민당은 젠더프리 교육의 과격성을 파악하겠다는 목적으로 실태 조사를 실시했다. 그 결과, 2005년 '젠더프리'는 정부의 제2차 성평등기본계획에서 삭제되었다. 국가가 '젠더프리'라는 용어를 공식적으로 포기한 것이다.

일본에서 '젠더프리' 개념이 백래시의 초점이 된 것은, 생물학적 본질주의와 전통적인 성역할에 근거를 둔 젠더 규범의 강력한 지배력에서 원인을 찾을 수 있다.[48] 남녀 사이에는 자연스러운 생물학적 차이가 있으며 그에 따라 상이한 사회적 역할을 갖게 된다는 규범은, 결혼한 부부 중 아내가 남편의 성姓을 따라가는 풍습과 함께 일본 사회의 가부장적 특성을 유지시키는 기제였다. 일본의 주부 파트타임제가 보여주듯이, 풀타임 노동과 어머니 노릇은 양립할 수 없다는 인식과 제도도 이러한 규범의 산물이다.[49]

보수주의자들은 젠더프리 정책에 따라 부부가 각자 자신의 성을 쓰는 별성 제도를 도입하면 가족이 붕괴되고 출산율은 더 떨어질 것이라고 비판했다. 또 일터에서의 성평등을 추구하는 페미니스트 정책은 남성 생계부양자와 여성 주부라는 일본의 전통적 가족관계를 붕괴시켜 가족 자체를 해체할 것이라고 주장했다.

백래시의 또 다른 동학은 **일본 사회의 신자유주의적 변형에서 소외된 청년들이 지닌 불안과 분노의 폭발**이었다.[50] 백래시 담론은 웹사이트, 블로그, 커뮤니티 게시판에 퍼 날라졌고, 중국의 부상에 따른 일본의 쇠퇴, 인구 고령화와 출산율 저하로 인한 사회적 정체, 지속적인 경기침체 등이 진행되는 가운데 청년들은 현재의 삶에 대한 불안과 미래에 대한 두려움에 휩쓸려 들어갔다. 이러한 상황에서 안티페미니스트 백래시는 일터에서 여성을 퇴출시키고, 정치에서 나이 든 남성의 지위를 강화하며, 권위 있는 강한 아버지가 지배하는 전통 가족으로의 복귀를 추동했다.

백래시의 시대에 페미니스트들의 저항은 어땠을까? 일본의 사례에서 두드러진 특징은, 국가 정책을 중심으로 이루어지는 제도적 실천과 그것에 거리를 두는 실천 사이에 분열이 일어났다는 점이다.[51] 국가와의 관계에서 적극적 개입을 주장하는 페미니스트들과, 이를 국가페미니즘 또는 행정(관료적)페미니즘으로 비판하는 페미니스트들이 갈라지기 시작한 것이다. 전자는 정부의 성평등 정책에 대한 방어가 우선적이라고 보았으며, 후자는 그로부터 비판적 거리를 유지했다. 전자는 젠더프리 정책이 왜곡되고 있다는 사실을 지적하면서 남녀가 동등하게 대우받기 위한 제도적 노력을 요구한 데 비해, 후자는 좀 더 근본적인 수준에서 젠더 규범 해체의 필요성을 강조했다. 페미니스트들은 광범위한 연대와 강력한 네트워킹을 통해 백래시에 맞섰지만, 이러한 분열이 갖는 한계는 피하기 어려웠던 것으로 보인다.

3) 독일: 가족주의와 인종주의의 결합

유럽에서 안티페미니즘은 19세기 여성운동이 시작된 이후 부침을 계속하다, 1990년대에 재등장한 후 21세기에도 확장되고 있다.

제2차 세계대전 이후 복지국가 체제를 지향하던 유럽의 국가들은 1970년대 석유파동, 1980년대 영미 보수 정당의 집권과 신자유주의 체제의 확산, 재정 부담으로 인한 복지 정책의 축소와 긴축 정책 등을 겪으면서 사회경제적 불평등의 심화를 바로잡지 못했다. 여기에 아프리카와 중동 지역의 분쟁으로 인한 난민과 이주민의 증가 또한 유럽 사회의 정치사회적 불안정을 가중시켰다. 이런 상황에서 1990년대 초 유럽 사회에 다시 등장한 안티페미니즘은 기독교 근본주의, 우익 포퓰리즘, 극우 정당과 보수주의 단체 등에 의해 조직되고, 인터넷과 같은 미디어를 통해 확산되며 정치적 영향력을 확대해왔다.

독일의 경우 1990년대 들어 안티페미니스트 백래시가 등장했고, 이는 이전의 안티페미니즘과 달랐다. 과거에는 페미니즘과 여성운동에 대한 공격에 초점이 맞춰졌다면, 1990년대 안티페미니즘은 안티젠더리즘anti-genderism으로 확대되었다.[52] 안티젠더리즘이란 젠더 개념이나 젠더 이론, 성평등gender equality 이념을 비판의 목표로 삼고 성평등 정책이나 성주류화를 '젠더 테러'로까지 비난하는 입장을 가리킨다. 전복희는 1990년대 이후 등장한 독일의 새로운 안티페미니즘에 대한 연구에서, 안티젠더리즘이 20세기 말 이후 지구화와 신자유주의의 확대에서 비롯된 사회경제적 변화에 대한 독일 사회의 반작용이라고 설명한다.

노동의 유연화와 사회 안전망의 축소 등에 따른 경제적·사회적 불안감의 가중, 남성 생계부양자 가족관과 전통적인 가족 가치의 붕괴, 젠더관계의 변화 등의 사회경제적 변화로 기존의 도덕적 가치와 사회질서관, 기득권이 파괴되고 훼손되는 것에 대한 불안감과 공포심을 느낀 보수주의적이거나 극우파 성향의 남성들은 이런 변화를 현대사회의 위기 또는 남성성의 위기로 보았다. 그리고 그들은 위기의 주범으로 좌파, 페미니스트, 성평등 정책, 젠더 이데올로기 등을 지목하고 공격했다. 특히 우파 정치인들과 극우파 포퓰리스트들은 이러한 상황을 자신들이 문화적 헤게모니를 장악하고 정치적·사회적 역량을 확대시킬 수 있는 기회로 이용했다.[53]

독일의 보수 정치인들이 사회경제적 불안을 두려워하는 사회집단들과 개인들을 불러내고 결집하는 수단으로 안티페미니즘을 활용했다는 것이다. 이는 **안티페미니즘의 포퓰리즘적 동원**이라고 할 수 있는데, 사회문제의 진단과 해결을 단순화·극단화하면서 합리적·이성적 판단보다는 도덕적·감정적 판단을 유도하는 전략이다.[54]

2000년대 들어 독일에서 안티페미니즘의 부활은 두 차례에 걸쳐 전개되었다. 첫 번째 계기는 2006년 언론인 폴커 차스트로브Volker Zastrow가 일간지《프랑크푸르트 알게마이네 차이퉁Frankfurter Allgemeine Zeitung》에 성주류화 정책과 젠더 연구를 비난하는 글을 게재한 사건이다.[55] 이후 공적 담론에서 유사한 공격이 계속되었고, 정치적 영역으로 확산되었다. 특히 우익 포퓰리즘 운동단체들과 극우파 정치인들은 저출산, 가족정책, 난민과 이주민 정책, 학교 성교육 개혁 등 독일의 사회정치적 이슈와 관련해 안티페미니즘을 전략적으로 동원하면서 우익세력의

결집을 도모했다.[56]

두 번째 계기는 2014년 바덴뷔르템베르크주에서 성
적 다양성을 수용하는 학교 성교육 계획이 발표되자 반
대 청원이 조직된 사건이다. 이후 안티페미니즘은 학
교 성교육 반대, 난민과 이주민 유입 반대운동에서 보
수주의와 극우세력의 연대를 위한 전략으로 이용되었
다. 2013년 창당된 신생 우파 정당 '독일을 위한 대안
Alternative für Deutschland, AfD'이 이를 주도했는데, 노골적인 안
티페미니즘 전략을 내세운 이 정당은 결국 2017년 연방
의회와 지방의회에 성공적으로 입성할 수 있었다.[57]

독일의 안티페미니스트 백래시에서 두드러지는 특징
은 주장의 핵심이 '남성 피해자론'에서 '보수적 가족주의'로 이
동해왔다는 것이다. 여성의 권리 신장과 성평등 요구로
인해 남성이 차별받고 불평등을 겪게 되었다는 주장에
서, 점차 정부의 가족정책과 성교육을 둘러싼 논쟁으로
초점이 옮겨갔다. '독일을 위한 대안'과 우파 단체들의
활동에서 나타나는 안티페미니즘은 가족, 민족, 문화, 이
주 등의 이슈를 복합적으로 연계하면서 가족주의와 인종
주의의 특징을 보인다.[58]

이들은 독일에서 가족이 위기에 처해 있으며, 그 원
인은 페미니즘을 비롯한 좌파 정치의 결과로 가족이 파
괴되어온 데 있다고 본다. 또한 국가가 아동 돌봄을 책임

지는 육아의 사회화에 반대하며, 부모의 가정보육권을 요구한다. 아동 돌봄은 가정에서 부모들이 맡아야 하며, 이것이 아동의 성장에 가장 바람직하다는 주장이다. 아울러 이런 가정 돌봄에서 양육의 책임자는 어머니인 여성이라고 본다. 여성의 전통적 성역할을 가족 내 어머니인 여성들이 제대로 수행해가는 것이 가족의 의무이자 권리이며, 국가의 정책은 이를 지원해야 한다는 것이다.

가족주의와 결합한 안티페미니즘은 인종주의와 연결된다. 독일의 보수주의 조직과 정당이 내세워온 민족다원주의는 표면적으로 민족문화의 다양성과 민족의 문화적 정체성을 보존할 권리에 대한 표명이지만, 실질적으로는 다른 민족·문화에 대한 배제와 배타적 인식을 내포한다. 이러한 민족문화의 정체성 보존운동은 이주민들에 대한 정치적·사회적 인정을 저지하고, 다양한 민족들과 인종들 간 공존의 필요성을 부정하는 방향으로 전개되어 왔다. 이 운동에 가담한 사람들은 독일인들의 혈통을 계승할 아동이 태어날 수 있도록 독일의 가족정책을 적극적인 출산장려 정책으로 전환하고, 어머니들이 직접 양육을 전담하는 제도와 문화를 확대하라고 요구해왔다.

또 독일 여성과 이슬람 여성의 위계적 이분법을 통해 **섹시즘**sexism(성차별주의)**의 인종화**를 확산해왔다.[59] 여성 억압의 피해자로서 수동적인 이슬람 여성과 자유롭고 독립

적인 독일 여성의 이미지를 대조적으로 설정하며, 이슬
람 이주여성과 독일 여성의 불평등한 권력관계를 체계
화·정당화해왔다.

4) 동유럽: 경제위기와 백래시

2008년 이후 포스트 위기의 시대에 유럽의 일부 국가
에서는 신자유주의 경제체제가 확대되고 권위주의 정부
가 들어서면서 정치적 부패와 탈민주화 경향이 더욱 뚜
렷해졌다.[60] 공공지출의 삭감, 노동시장의 탈규제화와 자
유화, 단체협상의 탈중앙화, 임금과 사회복지 정책의 축
소 등이 진행되면서 복지국가가 후퇴하고 시장자유주의
가 확대되었다.

이처럼 신자유주의 체제가 확대되는 사회에서 경제
적 불평등은 커졌고, 성평등 정책 역시 적지 않은 타격을
입었다. 시장과 경쟁을 최우선시하는 정책적 환경에서는
성차별과 성별 격차를 시정하려는 노력이 시장자유주의
를 침해하는 규제에 불과한 것으로 폄하되기 때문이다.
또한 동유럽 국가를 중심으로 등장한 권위주의 정부는
여성과 성소수자의 권리를 부정하고, 여성 조직과의 소통
을 거부했다. 정치적 부패 상황 역시 경제적으로 취약한

계층의 여성들의 삶을 더욱 불안정한 것으로 만들었다.

상대적으로 **경제적 여건이 좋지 않은 동유럽 국가들에서는 안티페미니스트 백래시가 훨씬 더 강력한 세력으로 부상**했다. 2008년 미국발 금융위기로 유럽 국가들의 재정 위기가 시작되었고, 동유럽 국가들은 이전부터 지속되어온 경제 불안 위에서 이러한 경제위기를 겪는 가운데 경제적 불안정이 극심해졌다. 더욱이 잔존하던 권위주의 체제가 부활하면서 정치권력이 교체되고 사회 전반의 보수화도 진행되었다. 이렇듯 경제적으로 불안정한 동유럽과 중부 유럽에서 2010년 이후 백래시가 두드러지게 나타났다.

안드레아 크리잔Andrea Krizsán과 코니 로게반드Conny Roggeband가 유엔여성기구UN WOMEN에 제출한 보고서는, 1995년 제4차 베이징세계여성회의 이후 서구 사회에서 20여 년간 쟁취되어온 여성의 권리가 공격당하고 있다는 진단을 내렸다.[61] 대표적인 사례로는 동유럽의 헝가리, 폴란드, 크로아티아를 제시했다. 이 세 국가에서는 같은 시기에 권위주의 정부가 들어섰고, 페미니즘과 여성운동이 성취해온 제도적 개선을 원점으로 되돌리는 정책이 집행되었다. 이들 국가에서는 정부뿐 아니라 시민사회에서도 성평등을 둘러싼 강력한 반발이 등장했다.

헝가리에서는 2010년 보수 정부가 집권한 뒤 여성운동 조직이 국가의 정체성을 위협하는 이적 행위자로 여겨지면서 불신되었고, 유럽연합EU 산하의 여성폭력 관련 위원회들은 결혼과 전통적인 이성애 가족의 이상을 공격한다는 비난을 받았다. **폴란드**에서도 2015년 선거 후 우파 정부가 들어서면서 여성의 재생산권과 성적 자율성에 대한 공격이 시작되었으며, 이는 로마 가톨릭교회와 반페미니스트, 반LGBT 세력과의 동맹 관계 속에서 진행되었다. **크로아티아** 역시 2011년 새로 집권한 보수 정부 하에서 남성의 권리, 가족에 대한 보호, 성교육 반대 등을 주장하는 반젠더 이데올로기 그룹들이 성평등 정책에 대해 문제를 제기하기 시작했다.

이러한 공격은 모두 2008년 이후 지속된 경제위기 속에서 보수 정부가 집권한 후 민주주의가 퇴보한 상황에서 전개되었다. 경제 불안이 초래한 삶의 불안정 속에서 대중들이 느끼는 불만과 공포를 여성운동을 비롯한 진보 세력의 탓으로 돌리고, 그동안 구축해온 성평등 제도와 관행을 폐지해가는 것이다.

좀 더 자세히 살펴보면, **헝가리**는 2010년 피데스FIDEZ 당의 선거 승리로 포퓰리스트 우익 정부가 집권하면서 정치와 복지체계에 대한 대대적인 수정 작업이 진행되었다.[62] 여기서 경제위기는 성평등 정책 폐지를 포함한 전반적인 정책 개혁(실질적으로는 개악)을 정당화하는 근거로 이용되었다. 그에 따르면 성평등 정책과 같은 진보적 변화를 위해 정부가 사용할 예산은 없다. 경제위기가 초래한 사회 불안임에도 전통적 성역할을 부정하고 자유로운 성교육을 요구하는 여성운동 탓으로 돌리는 것이 정부의 기조였다.

이에 따라 2009년 제정된 유아 대상 성평등 교육에 관한 법령과 성인지 교육 전반에 관한 조항들이 폐지되었다. 성평등·성인지 교육은 '젠더 이데올로기'를 확산시켜 남녀의 생물학적 차이와 자연스러운 성역할을 부정하고, 가족 등 사회관계에 파괴적 영향을 끼친다는 구실에서였다. 이처럼 정부는 여성운동에 노골적으로 적대적인 입장을 취했고, 유례없는 규모로 여성단체 할당 기금을 삭감했다. '가정폭력과 여성폭력에 대한 이스탄불 협약'이 전통적인 이성애 가족과 결혼의 가치에 대한 공격이라고 보고 비준을 거부하기도 했다.[63] 또 노르웨이 시민 기금Norwegian Civil Grants과 같은 외부의 비정부 지원기관 기금까지 차단했다.

헝가리 정부는 정부 정책에서 여성정책을 삭제해갔을 뿐만 아니라, 여성정책 전담기구도 개편해 성격을 바꾸었다. 작고 주변적이긴 했지만 사회노동부 내에 설치되어 있던 성평등국은 2010년에 규모가 축소되었고, 인적자원부에 포함된 가족과 인구정책 부서로 이동했다.

그리고 여기서 가족 내 어머니로서 여성의 역할과 책임을 강조하는 정책이 시행되었다. 2012년에는 국가경제부가 여성의 노동시장 참여를 다루는 장관 직속 위원회(2년 임기)를 구성해 여성의 노동시장 참여를 막는 장애 요인을 규명하도록 역할을 부여하긴 했다. 그러나 비중도 없고 성평등 이슈도 제기하지 않았다는 점에서 여성운동의 반발을 무마하기 위한 형식적인 조치에 불과했다고 할 수 있다.

폴란드는 2015년 보수정당 '법과 정의PiS'가 집권하면서 폭넓은 제도 개혁에 착수했다.[64] 강력한 반성평등 정책을 핵심 슬로건으로 내세우며, '젠더 이데올로기'는 가톨릭교회의 가족 가치를 위협하는 반사회적 이념이라고 공격했다. 관료들과 정치인들은 성평등을 비난하는 발언을 규칙적으로 쏟아냈다. 그중 상당 부분은 페미니스트와 LGBT 그룹이 "서양의 무절제한 자유주의 가치"를 부추긴다는 비난이었다. 정부는 재생산권, 가족정책, 여성폭력 등을 다루는 성평등 정책을 겨냥해 다각적인 조치들을 시행했고, 이는 정책의 폐지, 새로운 적대적 정책의 도입과 정책 틀의 변경reframing 같은 방식으로 이루어졌다. 여성단체에 대한 국가의 예산 지원이 축소되었고, 응급피임법에 대한 접근은 더 어려워졌으며, '낙태 반대For Life' 프로젝트가 도입되었다.[65]

여성정책 전담 부서 또한 축소되었다. 보수 정부는 이전까지 성평등 정책을 담당했던 성평등국을 시민사회국으로 통합하고, 부서의 명칭을 '시민사회와 평등대우국'으로 변경했으며, 부서의 업무는 시민사회 이슈로 한정되었다. 그 결과 2016년 11월에는 13명의 전문위원들이 사임하기도 했는데, 성평등 정책이 제대로 다루어지지 않는다는 이유에서였다. 또한 2016년 의회는 성평등과 관련해 감시자 역할을 수행해온 폴란드 옴부즈맨의 예산을 대폭 삭감했다. 젠더 이데올로기를 확산한다는 이유였는데, 이 조치와 함께 "의회는 젠더를 위한 비용을 지불하지 않을 것"이라고 선언했다.

크로아티아에서는 남성의 권리, 가족 보호, 반젠더 이데올로기 주장들이 성평등 이슈를 몰아내고 새로운 준거reference가 되어갔다. 크로아티아의 여성운동은 우파 정부에서도 비교적 강력한 거버넌스(협치) 체제를 유지해왔다. 그러나 선거에서 총리와 우파 기민당 지도자 등이 패배하면서 정부와의 채널을 상실했다.[66] 새로 집권한 좌파 정부는 성평등 지지에 소극적이었고, 이러한 변화는 여성운동가들 사이에서 '적대적 국가의 귀환the return of the hostile state'으로 불렸다.* 정부는 점차 성평등 정책이 토

---

* 크로아티아는 2000년대 초 의회 내에 성평등위원회(the Gender Equality Committee of the Croatian Parliament)와 성평등옴부즈퍼슨(Ombudsperson for

론·기획·집행되는 공적 영역의 규칙과 행위자들의 구성을 바꿔나갔다. 성평등에 반대하는 정치가들과 사회세력들에게 더 큰 공간을 열어주고, 여성운동가들을 위한 공간은 줄였다. 그 결과 가족정책, 성교육, 여성폭력에 관한 논의에서 정부 내 반대 목소리가 더욱 커졌다. 성평등 실현을 위한 기구는 존재했지만 실행력은 크게 손상되었고, 여성단체에 할당되던 기금도 해체되었다.

그러나 성평등에 대한 크로아티아 정부의 적대적 태도는 헝가리나 폴란드 정부보다는 온건한 편이었다. 크로아티아는 동유럽에서 페미니스트 액티비즘과 성평등 정책의 선구적인 사례가 되어왔다. 2003년 성평등 옴부즈맨을 설립하고 2004년 성평등국을 개설했으며, 이 두 기관은 페미니스트 전문가들과 외부 여성운동 조직의 협력하에 운영되었다. 강력한 여성운동과 페미니스트 전문가, 페모크라트femocrat(페미니스트 관료)의 연합으로 여성정책 전담기구가 다른 두 국가에 비해 상대적으로 안정

Gender Equality)을, 행정부에 성평등사무국(Office for Gender Equality)을 설치해 성차별 금지와 성평등 증진을 위한 법 제정·개정, 정부 정책에 대한 성인지적 점검과 조정을 수행해왔다. 그러나 2011년 집권한 사회민주당(SDP) 정부는 이전까지의 성평등 추진 기조를 약화시키고 오히려 후퇴시키는 양상을 보였다. 그 결과, 2015년에는 보수 성향의 야당연합(크로아티아 민주동맹, HDZ) 후보인 콜린다 그라바르키타로비치(Kolinda Grabar-Kitarovic)가 최초의 여성 대통령으로 선출되기도 했다. 그라바르키타로비치 대통령은 우파이지만 여성의 지위 향상과 임신중지 합법화를 지지했다.

성을 확보할 수 있었다. 이처럼 헝가리와 폴란드에서는 강하게, 크로아티아에서는 좀 더 약하게 정부가 성평등 정책은 물론 민주주의의 근본적인 규범과 유럽연합의 규칙을 뒤흔들고 약화시켜갔다.[67]

5) 라틴아메리카: 보수주의 종교세력의 주도

안티페미니스트 백래시는 가족과 관련된 페미니스트 실천에 대한 강한 반발을 포함한다. 유럽뿐 아니라 라틴아메리카 사회에서도 이러한 양상은 두드러진다. 라틴아메리카에서는 여성 정치인이 증가하면서 동성혼의 합법화, 성소수자 권리 인정, 임신중지의 자유, 정치와 교육에서 소수인종에 대한 적극적 조치의 도입 등이 추진되었다. 그러나 이런 노력은 보수세력의 저항에 직면했고, 이들은 변화를 '가족 가치'에 대한 위협으로 간주했다.[68] 여성과 성소수자의 운동이 이성애 가족을 토대로 한 사회 질서를 해친다고 보았기 때문이다.

라틴아메리카 사회에서 백래시는 **가톨릭교회와 세계복음주의 교회의 이데올로기적·재정적 지원을 받으며 세계적으로 조직된 대항운동이다.**[69] 이런 운동은 동성혼이나 젠더 이데올로기, 트랜스젠더의 권리에 반대하기 위해 대중을 동원해왔으며, 2016년부터 초국적 반젠더 캠페인이 카리브해 지역 대부분에서 나타났다.[70] 멕시코, 콜롬비아, 브라질, 아르헨티나 등의 국가에서 가톨릭교회와 복음주의 개신교회, 우파 정당 등 보수 단체들은 페미니즘이 가족과 민족에 대한 도덕적 공포를 조장한다고 비난하며 성평등 정책의 폐지를 주장했고, 대학에서 이루어지는 페미니즘과 젠더 연구들을 공격했다. 이는 임신중지 반대, 학교 성교육 반대, 가부장적 이성애 가족에 대한 지지 주장을 민족주의, 권위주의, 외국인 혐오와 결합해, 젠더와 인종이 포함된 사회적 위계를 강화하려는 우파 정당의 전략이었다.

지역사회에서 보수세력들은 사람들이 공통적으로 느끼는 사회적 공포와 불안에 편승해, 분노를 촉발하는 감정적 내러티브를 커뮤니케이션 전략으로 사용했다.[71] 이런 내러티브에 따라 '민족적' 또는 '전통적' 가족의 복고는, 강화된 보수적 성역할과 함께 개인이 현재 직면한 사회적 위기의 가장 효과적인 해결책으로 설정되었다.[72] 라틴아메리카 사회에서 '깊게 젠더화된 제도'로서 가족과 젠더, **섹슈얼리티에 관한 도덕적 보수주의**moral conservatism**는, 우파는 물론 좌파 정당에서까지 당연한 것으로 수용되어왔다.** 따라서 백래시는 반자유주의 극우파에서 더 강력했지만, 중도우파 정치인들도 젠더 이슈에 보수적 입장을 취함으로써 백래시의 물결에 편승했다. 백래시에 대해서는 우파와 좌파 모두 벗어나 있지 않다는 것이 라틴아메리카 연구자들의 결론이다.

라틴아메리카의 안티페미니스트 백래시를 연구한 기젤라 자렘버그Gisela Zaremberg는 브라질의 한 페미니스트의 말을 이렇게 인용했다. "과거에 우리는 권리를 얻기 위해 싸웠다. 지금 우리는 그것들을 빼앗기지 않기 위해 싸운다Before, we fought to gain rights; now, we fight against them being taken away."[73] 그러나 동시에, 백래시를 반운동counter-movement으로 개념화하는 것이 타당한가에 대한 의문도 있다. 실제로 라틴아메리카 사회에서 여성들이 얻은 권리와 성취가 반격을 불러일으킬 만큼 확실하고 의미 있는 것은 아니라는 해석이다. 오히려 여성의 성취는 실제적인 것이기보다는 상상 속의 진보에 그칠 뿐이므로, 백래시의 근본적 원인은 따로 있다는 것이다. 라틴아메리카 사회가 직면한 정치적·경제적·사회적·문화적 위기에서 비롯된 불안과 두려움을 분출할 수 있는 심리적 탈출구로서 안티페미니즘이 선택되었다는 것이다.

경제적 불확실성, 인구 감소, 인간주의적 위기, 이동의 확대, 높은 범죄율과 폭력 발생률, 광범위한 부패 등이 평등에 대한 관심과 지지를 축소시키고 다원주의를 공공의 토

론에서 멀어지게 만들었다. 이런 내러티브와 함께 국가적·
전통적 가족의 복고, 전통적 성역할 강화 등은 개인이 직면
한 사회적 위기들에 대한 가장 효과적인 해결책으로 위치
지어진다.[74]

라틴아메리카의 안티페미니스트 백래시 역시 '젠더
이데올로기'에 반대하는 캠페인으로 확장되었고, 이는
유럽과 마찬가지로 바티칸에서 전해져왔다고 추정된다.
이후 각국의 정치와 선거 경쟁에 큰 영향을 끼쳤으며,
2016년 콜롬비아, 2018년 브라질과 코스타리카에서 전
국적인 선거 캠페인과 선거 연합부터 내각 구성, 정부 조
직체계에 이르기까지, 성평등에 반대하는 보수주의 정치
인들이 국가기구 안에서 결정권을 행사했다.[75]

이들은 대체로 세 가지 전략을 구사했다. 첫째, 가족
과 사회의 변화에 대한 도덕적 공포심을 조장하면서 여
성의 권리에 대한 공적 토론의 프레임을 바꾸어버렸다.
둘째, 성평등 기구와 정책의 틀, 책무성 등을 약화시키고
국가의 주요 정책 목표에서 성평등을 제외했다. 셋째, 대
학 내 페미니즘과 젠더 연구의 정당성과 권위를 박탈하
고, 여성 인권 조직들과 활동가들의 공간을 축소시켰다.[76]

다시 말해, 페미니즘과 성평등 정책이 가져올 가족·
사회의 변화를 혼란·무질서로 왜곡해 대중의 공포심을

자극하고, 중앙정부와 지방정부의 성평등 정책과 기구를 폐지하거나 유명무실하게 만든다는 것이다. 또 대학을 중심으로 한 여성주의 연구와 교육의 정당성을 공격해 국가의 지원을 가로막으며, 여성 인권과 페미니스트 활동가들을 위한 조직과 제도를 해체해간다. 라틴아메리카 사회에서 이러한 공격은 보수주의 가톨릭 교단과 우파 정당의 동맹을 기반으로 지속되어왔다.

6) 오스트레일리아: 남성 피해자론

오스트레일리아는 1989년 국가 수준의 여성 보건의료 정책을 도입한 첫 번째 국가로 알려져 있다. 이후 2000년대 들어 남성을 위한 보건의료 정책 도입의 필요성이 제기되었고, 2010년 연방정부는 남성 보건의료 정책을 도입하게 되었다. 이 과정에서 여성정책에 대한 강력한 백래시가 나타났다. 국가가 생물학적 차이를 토대로 여성에게만 보건의료 지원을 제공하는 것은 부당하며, 남성에 대한 역차별이라는 주장이다.

남성 역차별론의 주장은 다음과 같다.[77] 첫째, 현재 오스트레일리아 사회에서 불이익을 받는 것은 여성이 아니라 남성이다. 둘째, 여성과 남성은 '자연적으로는' 평등하지 않다. 남녀는 생물학적으로 다르며, 이러한 생물학적 차이를 무시하는 성평등 프레임은 현상을 왜곡하는 것으로 사회에 역기능적이다. 셋째, 페미니즘은 이미 목적을 달성했다. 그 결과 남성이 새로운 불이익집단이 되고 있다.

여성과 남성의 차이를 생물학적 차이의 프레임으로 제한하고 성별관계를 제로섬게임으로 인식하는 이러한 주장은, 결국 남성 생계부양자와 여성 양육자라는 성역할 규범으로 이어진다. 이들은 아버지로서 가족의 생계를 부양해야 하는 남성이 안정적인 고소득 일자리를 두고 여성과 경쟁해야 한다며, 일자리의 상실은 남성에게 더 큰 피해를 준다고 주장한다. 이런 맥락에서 오스트레일리아의 남성운동은 여성운동이 이루어온 성취를 공격의 목표물로 삼는다. 남성운동은 남성을 여성과의 경쟁에서 밀려난 피해자로 설정하고, 여성에 대한 적대적 문화culture of antagonism를 운동의 정서적 토대로 삼았다.[78]

오스트레일리아의 남성 건강운동을 분석한 케이트 시모어Kate Seymour는 남성 피해자론이 등장한 배경으로 **경제적 압박감, 사회적 고립과 고독감, 가족과 친밀한 관계의 붕괴** 등을 지적한다.[79] 그리고 남성을 불이익을 받는 집단으로 규정하는 것은 여러 차원에서 문제적이라고 판단한다. 남성들 간의 차이, 즉 인종과 계급, 섹슈얼리티 등 사회적 요인들이 교차해 형성되는 차이들을 간과하기 때문이다. 이런 남성 피해자론에서는 모든 남성들이 하나의 집단적 이미지로 동질화된다. 그러나 남성들의 집단은 하나가 아니며, 특권과 지배, 자격의 위계가 포함된 불평등 체계다.

또한 이러한 주장은 젠더를 남녀의 타고난 차이로 축소한다. 그러나 젠더는 하나의 범주라기보다 관계relations로 이해되어야 한다. 여성들과 남성들 사이의 유형화된 관계에 초점을 두어야 하며, 이는 생물학적·신체적 속성과 관련이 있지만 그것들에 의해 결정되진 않는다. 젠더는 고정되고 경직된 것이 아니라 관계적이고 유동적인 개념이기 때문이다. 이러한 이유로 시모어는 오스트레일리아 남성운동의 정치적 토대가 명확하지 않다고 비판한다. 여성운동에 대항하는 남성운동을 위한 광범위하고 지속적인 근거를 찾기 어렵다는 것이다.

7) 스웨덴과 덴마크: 미디어 프레임의 역할

백래시의 전개에서 언론과 미디어는 가장 중요한 수단이자 전쟁터라고 할 수 있다. 안티페미니스트 담론이 주조되어 대중적으로 확산되기 위해서는 주류 언론의 프레임 설정이 필요하고, 이것이 수많은 미디어들을 통해 개인들에게 전달되어야 하기 때문이다. 주류 언론에서 활동하는 저널리스트들은 현상에 대한 해석의 패키지 interpretive packages를 대중에게 제공한다.[80]

미국과 유럽의 여러 국가에서 언론이 페미니즘과 페미니스트들에 대해 어떤 프레임으로 접근하는가를 다룬 연구들은 부정적인 현상을 발견해왔다.[81] 페미니스트 실천은 주류 언론에서 잘 다루어지지 않고, 개인의 불만으로 치부되면서 사소한 문제로 한정되어왔으며, 페미니즘의 다양한 갈래를 가장 공격적인 주장으로 환원하는 극단주의extremism 위주로 전달되었다는 것이다. 그 결과 페미니스트들은 위험하고 부도덕한 집단으로 낙인찍혔고, 많은 국가에서 사회적·정치적 부적응자나 일탈자로 프레이밍 되어왔다.[82]

스웨덴과 덴마크는 같은 노르딕 국가들이지만, 두 국가의 미투#metoo운동에 대한 미디어 분석은 두 국가 간 **미디어 프레이밍의 차이가 성평등 수준의 격차를 가져왔다**고 지적한다.[83] 이들 국가의 언론이 미투운동을 다루는 프레임은 네 가지로 나타났다. 첫째, 네트워크로 연결된 개인들을 잇는 온라인 캠페인으로서 미투운동을 분석하는 시각이다. 이 경우 미투운동은 개인적 증언 프레임 속에 놓이며, 여성의 권리 획득을 위한 사회 변화 요구로 한정된다. 둘째, 젠더 정의gender justice를 위한 더 광범위하고 장기지속적인 사회운동으로서의 프레임이다. 이는 미투운동의 원인을 성별 권력의 불균형으로 정의하고, 미투운동을 성별 불평등과 여성에게 침묵을 강요하는 문화에 도전하는 사회운동으로 해석한다.

셋째, 공격적이고 '정치적 올바름Political Correctness, PC'에 과도하게 몰두하는 캠페인이라는 프레임이다. 예컨대 성폭력 고소 사건을 판단하기 어려운 사안으로 설정하며, 여성들의 지나친 예민함이나 정치적 올바름에 대한 집착이 불러온 불행으로 보고 '남성 피해자'를 부각시킨다. 결론적으로 현재의 정치적 올바름의 문화는 '너무 많이 나갔다gone too far', '통제 불능이다gotten out of hand'라고 주장하며, 미투운동의 중요성보다는 위험성을 강조한다.

넷째, 마녀사냥 프레임이다. 미투운동은 남성에 대한 마녀사냥이자 인민재판kangaroo court으로, 위험하고 불법적이며 자유민주주의의 기본 원칙에 어긋난다는 해석이다. 이 프레임은 미투운동을 페미니스트 독재, 전체주의 페미니즘의 행동양식으로 규정한다.

4개의 프레이밍 중 셋째와 넷째는 백래시로 연결된다. 미투운동에서 여성 피해자를 공격적인 존재로, 남성 가해자를 피해자로 역전시키는 프레이밍(셋째)과, 마녀사냥으로 해석하는 프레이밍(넷째)은 모두 페미니스트 실천에 대한 반작용이자 역풍이라고 할 수 있다. 스웨덴과 덴마크의 경우 미투운동 보도는 매우 다른 양상으로 나타났다. 스웨덴의 경우 개인적 증언 프레임과 사회운동 프레임이 가장 많이 나타났으며(첫째와 둘째), 특히 남성들이 사회운동 프레임으로 많은 글을 기고했던 점이 두드러진다. 이에 비해 덴마크에서는 마녀사냥 프레임(넷째)이 가장 큰 목소리를 낸 것으로 나타났다.[84] 그 결과 스웨덴에서 성평등 이슈는 정치화되고 제도와 주류 정치 속으로 통합되어 들어간 반면, 덴마크에서는 탈정치화되고 점차 주변화되었다.[85]

비교적 유사한 정치제도와 사회문화적 배경을 지닌 두 노르딕 국가에서 나타난 성평등 수준의 실질적 차이는, 미디어를 통한 안티페미니즘 공세의 중요성과 영향력을 보여준다. 페미니즘과 여성주의 실천의 사회적 확산과 관련해 미디어의 중요성은 전 세계 어느 사회에서나 절대적이다. 따라서 안티페미니스트 백래시는 온·오프라인 미디어 속에서 몸집을 키우고 부피를 늘려왔다고 할 수 있다.

《백래시》의 빛과 그림자

수전 팔루디의 책《백래시》는 저널리즘적 접근을 취한다. 따라서 '백래시' 개념도 이론적 엄밀함보다는 당시의 시대적 상황을 포착하기 위한 발견적heuristic 수단으로 사용되었으며, 책 역시 분석적이기보다는 기술적descriptive이라는 평가를 받아왔다. 그동안 제기된 팔루디의 백래시 개념과 분석에 대한 페미니스트들의 비판은 다음과 같다.

첫째, 여성의 주체성과 관련된 이슈다.《백래시》가 여성을 피해자로만 그린다는 지적이다.[86] 1980년대에 나타난 수많은 백래시 현상들을 제시하면서 팔루디는 그 공격성을 기술할 뿐 여성들의 대응을 다루는 데는 소홀했다는 평가다. 카렌 레어먼Karen Lehrman은 여성들이 백래시에 의해 전적으로 얻어맞기만 하진 않았다고 주장했다. 여성을 사회적 악의 기획에 따라 자포자기한 수동적 피해자로 묘사하는 것은 현실에 부합하지 않는다는 것이다.

여성의 주체성과 관련한 또 다른 쟁점은 페미니스트가 아닌 여성들에 대한 해석이다. 팔루디의 책에서 페미니스트가 아닌 여성은 백래시에 공모하는 존재로 그려졌다는 비판이 있다.[87] 페미니즘에 동의하지 않거나 전통적인 여성성과 성역할을 수용하는 여성들은 안티페미니스트 또는 백래시에 미혹된 존재로 프레이밍 되었다는 것이다. 팔루디는 전통적인 여성성이 제2물결 페미니즘에 대해 본질적으로 적대적이라고 설정했다. 전통적인 여성성이란 여성다움/남성다움의 심리적·문화적 특성을 토대로, 출산과 양육의 담당자로서 여성의 역할과 생계부양자로서 남성의 역할을 자연스러운 것으로 인정하는 규범적 요소를 가리킨다. 팔루디는 전통적인 여성성이 자동적으로 반여성적인 것이라면, 정의상 그런 여성성을 수행하는 여성들은 젠더적 의미에서 꼭두각시gender dupes에 불과하다고 보았다.

그의 이런 인식은 여성을 지나치게 단순화한다는 비판도 받는다. 팔루디가 말하는 젠더나 백래시 개념이 백인 중산층 여성의 경험에 기초해 구성되었기 때문에 인종과 민족, 계급(계층), 연령, 섹슈얼리티, 장애 등 여성들이 지닌 다중적 차이의 경험이 충분히 반영되지 못했다는 지적이다.

둘째, 이분법적 도식이다. 미국의 여성운동사에서 1970년대와 1980년대를 이분법적으로 구분할 수 있는가라는 질문이 있다.[88] 팔루디의 책에서 1970년대는 제2물결 여성운동의 빛나는 성공시대로, 1980년대는 백래시에 의해 여성운동이 급격히 쇠퇴한 시대로 그려진다. 그러나 백래시에 저항하는 여성과 남성의 행위자성을 인정한다면 1980년대를 이렇게 단순화하는 것은 타당하지 않다는 지적이다. 또 팔루디의 백래시 개념은 페미니즘 이론의 다양성과 변화, 수많은 문화적 표상들을 무시한다는 비판도 제기되었다.[89] 팔루디가 사용한 백래시와 페미니즘 개념은 모두 단일한 집합행동으로 단순화되어 현실의 복합성을 반영하지 못한다는 진단이다. 즉, 페미니즘이 논쟁의 여지없이 하나로 묶일 수 있는 단일한 개념인지, 1970년대와 1980년대를 페미니즘과 안티페미니즘의 이분법적 대립 구도로 파악하는 것이 타당한지의 질문이 제기되어왔다.*

그러나 이러한 문제점에도 불구하고 팔루디의 백래시는, 미국은 물론 세계 각국에서 진행되어온 여성운동 공격을 분석하는 주요 개념으로 인정받아왔다. 그 결과, 주로 미디어

---

* 이러한 이분법 때문에 《백래시》는 지나치게 감정적인 어조를 띠게 되었고, 결과적으로 음모론에서 벗어나기 어렵다는 비평도 있다. '전투(battle)', '전쟁(war)', '적(enemy)'과 같이 전쟁과 관련된 비유들이 많이 등장하는데, 이러한 언어 사용이 적절하지 않다는 비판도 있다. 그 결과 백래시에 대한 명확한 분석보다는 음모론(conspiracy theory)으로 빠지고 있다는 지적이다.[90]

와 문화적 영역에 집중되었던 팔루디의 분석은 점차 정치적 영역의 반페미니즘적 공격으로까지 확장되었다.

정치가 된 혐오,
한국의 백래시

1

2000년대 이후의
여성혐오

1) '일베'의 남성 피해자론

19세기 근대적 여성운동이 시작된 이후 백래시가 반복되어온 것처럼, 한국 사회에서도 안티페미니스트 백래시는 여성주의 실천이 사회적 가시성을 획득한 곳에서 어김없이 존재해왔다. 멀리는 20세기 초 식민지 시대에 지식·학력·성의 차별에 대해 비판적 목소리를 낸 여성 집단인 '신여성'이 출현한 시기부터, 가까이는 2000년대 호주제 폐지와 '성평등'이라는 정책 용어 사용을 둘러싼 공격에 이르기까지 여성운동이 크고 작은 성과를 거두기 위해서는 언제나 반발과 공격에 맞서야 했다. 때론 실패하기도 성공하기도 했지만, 여성운동은 늘 높고 험한 산봉우리를 넘고 깊은 계곡을 건너며 전진해왔다.

일제식민지 시기에 근대적 지식인 여성들의 성평등 요구가 서양을 추종하는 '모던 걸modern girl'의 부박한 자기주장으로 매도되고 실패한 프로젝트로 기억된 데는, 민족주의 계열 남성 지식인들의 백래시가 효과적으로 작용했다. 해방 후 수십 년간 수많은 여성들이 요구해왔던 호주제 폐지의 경우, 2005년에 들어서야 유교 가부장제 세력과 보수 정치인들에 의해 폐지 법안이 국회를 통과할 수 있었다. 그사이 1991년 가족법 개정과, 1994년 성폭력특별법, 1997년 가정폭력방지법 등 굵직한 성평등 입법안이 국회를 통과했는데, 그때마다 거친 반대의 목소리가 언론을 뒤덮었다.

우여곡절 끝에 2004년 성매매특별법이 제정되었지만, 여전히 양성평등기본법과 건강가정기본법은 그 명칭과 내용을 개정하려는 노력이 번번이 좌절되고 있다. 차별금지법 역시 여성운동을 비롯한 각계의 연대 노력으로 법안이 발의되고 사회적 쟁점으로 떠올랐지만, 국회의 벽을 넘어서지 못하고 있다. 여기에는 '성평등' 용어를 사용하지 못하도록 압력을 가하면서 동성애와 성소수자 권리를 보호할 국가의 책임을 거부하는 일부 기독교계와 보수주의 정치집단들의 영향력이 작용한다.

제도 차원에서 백래시의 집중 타깃이 되어온 것은 '여성할당제'로 불리는 '적극적 조치'다. 적극적 조치란 여성이나 소수집단의 실질적 평등을 실현하기 위한 것으로, 구조적 차별의 결과로 나타나는 특정 집단의 과소 대표성과 통계적 불균형을 교정하려는 제도다.[1] 공무원 채용의 성별 격차를 시정하기 위한 조치는 그동안 여러 차례 공격을 받은 뒤 2003년 '양성평등채용목표제'로 변경되었다. 따라서 현재 남은 것은 정당법과 공직선거법에 있는 여성 비례대표 50퍼센트 할당제와 적극적 고용개선 조치 정도에 불과하다.

오늘날 우리가 직면한 안티페미스트 백래시 현상이 사회적 수면 위로 떠오른 것은 1999년 군복무가산점제도의 헌법재판소 위헌판결과 2001년 이 제도의 폐지 이후라고 할 수 있다. 이 제도는 군복무를 마치고 전역한 사람이 공무원과 취업보호실시기관의 채용시험에 응시할 경우 만점의 5퍼센트 범위 안에서 가점 혜택을 부여했는데, 1999년 12월 23일 헌법소원 심판에서 재판관 전원일치로 위헌으로 결정되어 효력이 상실된 것이다.

제도가 폐지되면서 2001년 1월 4일부터는 제대군인의 응시상한 연령 연장제도, 즉 군복무를 마치고 전역한 사람이 취업보호실시기관의 채용시험에 응시할 경우 3년의 범위 안에서 응시상한 연령이 연장되는 것으로 대체되었다.[2] 이후 2009년 이명박 정부와 2013년 박근혜 정부에서 국방부가 제도의 부활을 다시 주장했고, 17, 18, 20대 국회에서 입법안으로 발의되었으나 폐기되었다.

군가산점제도의 폐지 이후, 2004년 성매매특별법 제정과 2005년 호주제 폐지 등 가부장적 성차별제도의 핵심이라고 할 수 있는 일련의 제도와 관행도 해체되면서 여성가족부가 새로운 공격 대상으로 떠올랐다. 인터넷에서 '여성가족부 폐지' 구호가 등장하고 페미니즘에 대한 공격이 거세지는 가운데, 온라인 커뮤니티 '일베(일간베스트)'에서 남성 특권의 '약탈자'로서 여성과 페미니즘에 대한 비난이 시작되었다.

이들은 '군대 가서 고생하는 남자 vs. 편하게 놀면서 필요할 때만 권리를 주장하는 여자'의 프레임을 통해 남성 피해자론을 확산시켰다.[3] 여기에 여성은 타고난 몸과 성적 차이를 활용해 남성을 이용하고 착취하며, 기득권을 누리는 존재라는 혐오 감정이 덧붙여져 남성 피해자 의식을 정당화했다.[4] 주로 온라인 커뮤니티에서 공유되던 이런 의식은 오프라인의 현실로 나타나기도 했다. 2015년 초에 한 남자 중학생이 이슬람 수니파 무장단체 이슬람국가IS에 합류한 것으로 알려졌는데, 페미니스트가 싫어서였다는 내용의 기사가 보도되었다.

이 같은 남성 피해자 정체성이 등장한 배경에는 신자

유주의 시대에 과잉 경쟁과 삶의 불안정성이 심화되어온 것과 더불어, 젠더 지형의 변화가 있다. 여성의 대학 진학률이 높아지고 노동시장 참여도 활발해지면서 이전에는 없었던 남성들의 저항과 적개심이 사회적 정동으로 형성된 것이다. 교육·취업·문화 영역에서 여성이 남성의 경쟁자로 등장한 데 대한 반발, 이로 인해 손상되었다고 느끼는 남성의 특권을 회복하겠다는 욕망이 작용한다고 볼 수 있다.[5]

'일베'는 2000년대 한국 사회에서 여성혐오가 싹트고 자라난 온상이라고 할 수 있다. 일베에 대한 연구를 계속해온 김학준은 일베 남성 이용자들의 의식과 담론의 주요 테마는 '평범 내러티브'라고 보았다.[6] 일베 이용자들은 1990년대 말 IMF 외환위기 이후 한국 사회에 확대되어온 경제적 불안과 공포를 자신의 내면으로 투사해 '수치심'을 느끼며, 그 심리적 귀결로 '순응'을 선택해왔다. 이런 선택은 현실의 문제를 인식하고 변화를 요구하는 주체적 의식보다는 우리 모두 불행하다는 동질화와 체념으로 이끌어가는데, 이를 정식화한 논리가 평범 서사라는 것이다. 이런 평범 서사의 끝은 냉소다. 사회 정의나 변혁을 위한 비판적 인식과 실천적 태도 대신, 평범한 사람들은 체제에 순응할 수밖에 없으므로 불합리한 현실을 비웃어줄 뿐이라는 생각을 보인다.

김학준에 따르면 일베 이용자들이 느끼는 불안과 공포는, 취업과 생존에 직면한 이들이 느끼는 구체적인 감정이기보다는 유예된 감정이며 막연한 것이다.[7] 이는 두 가지 경로로 구성되는데, 하나는 **그들이 처한 사회경제적 위기와 불투명한 미래에 대한 불안**이며, 다른 하나는 **이런 감정을 해소하기 위해 필요한 친밀성의 영역이 붕괴되었다고 느끼는 데서 오는 불안**이다. 일베 이용자들은 꿈이나 희망 같은 이야기를 사치로 여기며, 삶의 목표를 개인적 친밀성의 영역에 둔다. 즉, 좋은 가정을 꾸려 평범하게 살고 싶다는 욕구로, 김학준은 이를 '새로운 가족주의'라 규정했다.[8] 후기근대적 불안과 순응의 피로를 로맨틱한 사랑으로 해소하려는 욕망이다.

그러나 그들이 보기에 '김치녀'라는 한국 여성들은 사랑의 이상을 물질화하고, 결혼을 통한 안정의 목표를 '평등'의 이름으로 파괴하는 존재들이다.[9] 경제적으로는 남성에게 의존하고, 병역 의무로 상징되는 공동체적 책임을 회피하며, 일상생활에는 전혀 필요 없는 사치품에 집착하는 여성들은 이들에겐 통제 불가능한 존재들이다. 그러므로 "가부장, 남자로서 여자를 휘어잡고 싶은데 예전처럼, [이제는] 능력이 안 돼. 경제적인 능력도 안 되고, 다른 능력도 안 돼. [사회적] 지위도 없고"[10]라는 것이 이들의 솔직한 심정이다.

남성 일베 이용자에 대한 김학준의 이 같은 해석은 타당해 보인다. 이들은 지금 당장 취업 전선에 뛰어들어 시시각각 구직 활동에 매달리며 경쟁과 탈락의 고통을 견뎌야 하는 절박한 상황에 있다고 보기 어렵다. 그런 상황에 있다면, 자신의 직접적인 경쟁자들에 대해 불만이든 냉소든 쏟아내야 할 것이다. 또 노동시장에서 남성들의 위치와 조건은 계층과 학력, 학벌, 그 밖의 여러 요인에 따라 각기 다르다. 그러므로 남성 일베 이용자들도 하나의 동질적 집단이 될 수 없고, 자신을 괴롭히는 경쟁자 범주에 여성보다는 남성이 더 많을 가능성이 크다. 한국의 노동시장에는 여전히 성별 직무분리 체계가 작동하고 있기 때문이다.

따라서 그들은 언젠가 다가올 취업 시장 속 경쟁과 탈락에 대한 두려움을 일단 보류하고, 연애와 결혼을 통해 멋진 가정을 꾸려 행복하게 산다는 평범한 미래를 그려보지만, 이 역시 가능해 보이지 않는다. 삶이 구조적으로 불안정한 사회에서 개인적인 돌파구를 찾으려는 노력이 성공할 가능성은 그리 크지 않으며, 경제적 불안정을 가정이나 사랑 같은 친밀성의 추구로 해결할 수는 없기 때문이다. 오히려 개인적 영역에서 친밀성을 추구하려는 노력 역시 경제적 불안정이라는 구조적 조건에 제약되기 쉽다. 앞의 인터뷰에서 '경제적 능력이 안 돼 여자들을 휘어잡을 수 없다'는 이야기가 이를 증명한다.

무엇보다도 **남성 일베 이용자의 가족주의적 소망을 실현 불가능한 것으로 만드는 요인은 여성들의 변화에 있다.** 학교와 노동시장에서 경쟁자가 되고, 개인적 관계에서조차 '평등'을 요구하는 여성들이 불평등한 젠더관계를 기초로 한 가족주의를 순순히 받아들일 이유가 없기 때문이다. 그렇다고 생계부양자로서 남성의 가부장권을 인정하는, 전통적인 성역할 규범을 내면화한 여성들도 이들에게는 버겁다. 경제적인 능력이 뒤따라주지 않기 때문이다. 따라서 남성 일베 이용자들이 분노를 쏟아내는 대상도 점점 더 넓어진다. 가부장적 가족을 비판하고 젠더관계의 평등을 주장하는 페미니스트들은 물론 일반 여성들까지 "가진 것 없이 성적 매력으로 남성을 유혹해 신데렐라가 되려고 꿈꾸는" '김치녀'와 '된장녀'라는 비난과 함께 표적이 된다.

2) '여경'은 왜 타깃이 되었나

남성 일베 이용자들의 분노의 화살이 가장 집중되는 곳은 젠더 영역이다. 김학준은 2011~2020년의 일베 게시글을 '여성/가족', '지역', '인종/국적' 등으로 나누어 분석한 결과, 단순 악플을 제외하면 가장 많은 비율을 차지한 주제는 '여성/가족'(28.2%)이라는 사실을 밝혔다.[11] 이 중 개별 토픽으로 가장 많은 게시글이 실린 것은 '여경'에 대한 비난이었다.

'여성/가족' 영역의 일베 게시글에 내포된 공통된 정서는 '여성혐오'라고 할 수 있다. 혐오란 특정 개인이 아니라 개인이 속한 집단의 정체성 자체를 부정하는 태도를 가리키며,[12] 여성혐오란 여성을 여성이라는 이유로 증오하는 문화적 태도를 말한다.[13] 여성 개인의 잘잘못을 따지고 비난하기보다, 여성이라는 이유로 그의 말과 행위를 포함한 존재 자체를 부정하는 것이다. 여성혐오는 단순한 증오부터 적대와 조롱, 비하, 성적 대상화, 폭력 등 여러 형태를 띨 수 있으며, 남성지배사회를 작동시켜 온 여성 억압의 중요한 기초라는 것이 여성학자들의 견해다.

일본의 여성학자 우에노 지즈코上野千鶴子는 '왜 여성을 혐오하는가?'라는 질문에 대해 가부장제 문화의 남성 동성사회적homosocial 욕망구조 때문이라고 답했다.[14] 성적 주체로서 남성 집단이 '남성됨'이라는 동질성을 유지하기 위해 여성과, 남성답지 못한 이들(남성 동성애자들)을 배제·차별하는 문화적 의식과 관행이라는 것이다. 그리고 여성혐오는 남성성(남성다움의 규범)에 내포된 불안과

가부장의 위기 속에서 남성성의 공격적·마초적 통일성을 갈구하는 현상이라고 해석한다. 우에노 지즈코는 여성 타자화가 이루어지는 사회, 즉 여성을 남성과 동등한 성적 주체로 결코 인정하지 않는 사회를 남성지배사회라고 규정하며, 이를 구성하는 3종 세트로 '여성혐오', '남성동성사회성homosociality', '동성애혐오homophobia'를 지적했다.

그렇다면 여성혐오 표현물 중에 특히 '여경'이 가장 많이 포함된 이유는 무엇일까? 10대부터 60대 이상까지 총 8358명(여성 4351명, 남성 4007명)이 응답한 〈2021년 양성평등실태조사〉 조사에 따르면,[15] 성별 직업분리 인식에 관한 문항에서 "남성들이 주로 일하고 있는 직업(직업군인, 경찰 등)은 여성에게 적합하지 않다"(②번 문항)는 진술에 여성은 14퍼센트, 남성은 22퍼센트가 동의한 것으로 나타났다. 남성 일자리로 알려진 직업에 여성이 진출하는 것에 대해 부정적으로 생각하는 비율이 남성에게서 8퍼센트 더 높게 나타난 것이다. 이는 "여성들이 주로 일하고 있는 직업(간호사, 보육교사 등)은 남성에게 적합하지 않다"(①번 문항)는 진술에 대한 동의 정도(여성 12.8%, 남성 17.0%)와 비교해 성별 차이가 더 크고, 남성의 부정적 인식도 더 높다.

②번 문항의 결과를 연령별로 세분해 살펴보면, 남

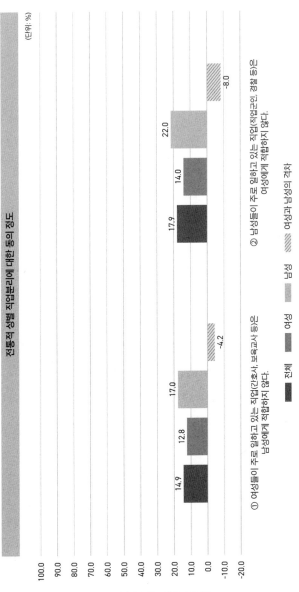

전통적 성별 직업분리에 대한 동의 정도

(단위: %)

① 여성들이 주로 일하고 있는 직업(간호사, 보육교사 등)은
남성에게 적합하지 않다.

전체 14.9
여성 12.8
남성 17.0
여성과 남성의 격차 -4.2

② 남성들이 주로 일하고 있는 직업(직업군인, 경찰 등)은
여성에게 적합하지 않다.

전체 17.9
여성 14.0
남성 22.0
여성과 남성의 격차 -8.0

전체 ▇
여성 ▇
남성 ▇
여성과 남성의 격차 ▨

• '그렇다'와 '매우 그렇다'에 답한 응답자의 백분율을 합한 값이다.
• 자료: 마경희 외, <2021년 양성평등실태조사 분석 연구>, 한국여성정책연구원, 2021.

성들의 반대는 20대와 30대 연령층에서 가장 높게 나타난다. 직업군인이나 경찰 같은 남성적 직업에 여성들이 들어가는 것이 적합하지 않다고 생각하는 남성들은 20대가 24.4퍼센트, 30대가 25.3퍼센트를 차지함으로써 60대 이상을 제외하면 가장 높게 나타났다. 그 결과, 같은 연령층 여성들과의 인식 차이도 20대(19.4%)와 30대(15.6%)에서 가장 크다. 이러한 자료는 남성 일자리였던 경찰직에 여성이 들어가는 데 대한 20~30대 남성들의 반감이 매우 크다는 사실을 알려준다. 특히 경찰직은 공무원 중 14만여 명에 이르는 가장 큰 조직으로, 상대적으로 대규모 충원과 순경 등 하위직으로의 입직이 용이해 남성들에게는 입직을 위한 주요 입구가 되어왔다.

그러나 문재인 정부 들어 경찰공무원의 성비 불균형이 지적되면서 2022년까지 경찰공무원의 여성 비율을 15퍼센트까지 높인다는 계획이 세워졌고, 여성 경찰 선발이 확대되어왔다. 이러한 상황에서 2030 세대 남성들의 경쟁자가 된 여성 경찰에 대한 공격이 증폭되었다. 대표적으로 2019년 대림동 주취자 난동 사건과 2021년 11월 인천 아파트 층간소음 흉기 난동 사건에서 여성 경찰의 부실 대응을 고발하는 가짜 뉴스가 인터넷 커뮤니티를 중심으로 전파되며 '여경무용론'을 부추겼다. 그러나 경찰청의 확인 결과, 두 사건 모두 여성 경찰들의 대응

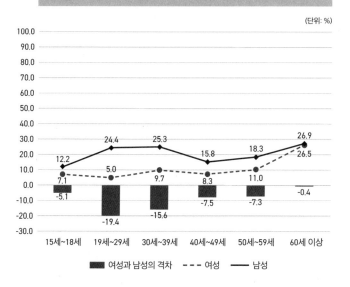

"남성들이 주로 일하고 있는 직업(직업군인, 경찰 등)은 여성에게 적합하지 않다"
문항에 대한 성별·연령별 동의 정도

(단위: %)

- '그렇다'와 '매우 그렇다'에 답한 응답자의 백분율을 합한 값이다.
- 자료: 마경희 외, 〈2021년 양성평등실태조사 분석 연구〉, 한국여성정책연구원, 2021.

에 문제가 없었거나, 다른 남성 경찰이 잘못 행동했던 것
으로 밝혀졌다. 이처럼 간간이 터지는 여경무용론은 여
성 경찰 확대를 남성 일자리에 대한 위협으로 느끼고 반
대하는 청년층 남성들의 의식에서 비롯된 것일 수 있다.

일베에 나타나는 '희생자로서의 남성' 담론은 한국
사회의 백래시에서 어떤 의미를 갖는가? 이에 대해 김학

준은 일베 이용자들의 멘탈리티는 냉소에 그칠 뿐 어떤 구체적인 정치적 대응으로서의 백래시로 나아가지는 않았다고 해석한다.[16] 이들은 2015년 메갈리아로 촉발된 페미니즘 리부트 이후 이렇다 할 만한 백래시의 흔적을 보이지 않는다는 것이다. 즉, 어떤 집단적인 정체성이나 애국주의, 타인에 대한 동정심 등이 전혀 없으며, 남성 희생자 의식을 바탕으로 '루저'나 '일베충'으로 지적되는 '찌질한 불만'을 제기해왔다고 지적한다.

그렇다면 오늘날 한국 사회에서 젠더 갈등의 소용돌이를 일으키는 세력은 누구인가? 김학준은 일베의 남성 피해자 의식을 논리적으로 조직하고 정치적 목소리로 발화한 국민의힘 이준석 전 대표가 바로 백래시의 주역이라고 본다. 일베가 여성혐오 표현의 온상이라면, 이준석 전 대표는 그것을 정치 세계로 이식해 안티페미니스트 백래시로 키우고 젠더 갈등을 확산시켜 왔다는 것이다.

김학준의 해석에는 이견이 있을 수 있다. 일베의 탄생 자체가 2012년 11월 대통령 선거 당시 민주통합당 문재인 후보의 홍보 영상에 대한 비판이 계기였는데도,[17] 일베 커뮤니티의 출발점에서 정치적 색채를 삭제하는 것이 옳은지는 토론의 여지가 있어 보인다. 일베에서 호남과 노무현 전 대통령에 대한 비난이 자주 등장한 것도, 정치적 보수성이 일베의 암묵적인 정체성 중 하나라는 추정을 가능하게 한다. 따라서 일베와 이준석 전 대표를 명확히 분리하기보다는, 일베의 여성혐오 세력이 이후 에펨코리아 같은 여혐 사이트로 이동해가면서 페미니즘에 대한 혐오를 확산시켰다고 보는 편이 타당해 보인다.

3) '미러링' 이후의 전개

일베의 여성혐오를 '젠더 갈등'으로 폭발시킨 것이 메갈리아의 미러링이다. 2015년 5월 디시인사이드에 '메르스갤러리'가 개설된 후, 페미니스트 소설《이갈리아의 딸들》의 제목과 합쳐져 '메갈리아'가 탄생했다. 이용자인 '메갈리안'들은 여성혐오에 맞서 이를 패러디한 혐오 표현으로 되갚아주는 미러링을 실천했고, 이는 여혐 발언을 쏟아내던 남초 커뮤니티를 순식간에 충격으로 몰아넣었다.

'여혐혐(여성혐오를 혐오한다)'이라는 슬로건 아래 여혐 발언의 반사反射 활동을 시작한 이들에 대해 윤보라는 "멸시에 지친 여성들이 메르스갤러리 안에서 폭발한 결과"라고 규정했다.[18] 엄혜진은 "군가산점제 논쟁에서 촉발되어 시작된 지 15년, 된장녀 담론이 나타난 지 10년, 일베의 등장 이후 5년, '여성혐오'로 수렴되는 온라인 세계의 공격적 남성성에 폭격"당해온 여성들이 혐오를 반사시켜 되돌려주는 전략을 선택했다고 의미를 부여했다.[19] 김수진은 "2016년 5월 17일 강남역 사건, 2016년 여혐 전쟁은 한국 역사에서 여성들이 남성들의 B급문화의 언어를 등장시켜서 남성들을 상대로 집단적인 전투를 벌인 최초의 사건이며, 지난 몇 년간 융단폭격처럼 쏟아져 온 여성 멸시와 혐오의 공격에 대해 제대로 응수를 벌인 것"이라고 해석했다.[20]

여성에 대한 성적 대상화와 외모 품평을 일삼던 남성들에게 같은 경험을 되돌려주는 맞불 전략으로서 '미러링'은 분명 성공적이었다. 여성들을 각성시키고, 잠시나마 혐오 세력의 공격을 멈춰 세우는 성과를 거뒀다. 그러나 이 전략은 제한된 소수에게 효능감을 준 뒤 더 많은 다수를 설득시키는 데까지 나아가지는 못했다. 따라서 미러링을 넘어 존중과 인정의 언어를 만들어갈 필요가 있다는 지적도 제기되었다.[21] 그리고 더 중요한 문제는, 미러링의 대상인 여성혐오 발화자들이 자기성찰의 필요성보다는 모욕감을 느끼며 더 강렬한 반격을 개시했다는 사실이다. 2016년 5월 강남역에서 발생한 20대 여성 살해 사건 이후 여성 추모객과 남초 커뮤니티 회원의 대립이 불거지면서 재점화된 청년 세대의 젠더 갈등은 오늘날까지 계속되고 있다.

한편 2017년 2월 문재인 후보가 '페미니스트 대통령'이 되겠다고 선언하고 5월에 19대 대통령으로 당선된 후, 온라인 커뮤니티를 중심으로 전개되던 여성혐오와 이에 대한 반격이 오프라인 세계로 확산되는 경향이 나타났다. 젠더 갈등이 청년 세대의 성별 갈등을 넘어 주요 사회 이슈가 되고, 사안의 파급력도 높아진 것이다. 특히 2018년 미투운동을 거치면서 성평등에 대한 요구가 증가하자, 이에 대한 반작용도 거세졌다. 안티페미니스트 백래시라고 할 만한 현상들이 속속 발생했다.

문재인 정부 출범 이후 발생한 대표적인 사건으로는 서울 소재 대학 내 총여학생회 폐지, 래퍼 산이의 신곡 〈페미니스트〉에 나타난 여성혐오, 바른미래당 최고위원 이준석과 하태경의 '워마드' 비난, 여성 경찰에 대한 비난과 혐오, 여성 연예인에 대한 공격, 엄지와 검지 이미지를 사용하는 광고물에 대한 남성 혐오 의혹 제기, 도쿄올림픽 금메달리스트 안산에 대한 공격, 페미니스트의 강연과 페미니즘 교육에 대한 거부·철회 요구, 여성가족부 폐지 주장 등이 있다.*

---

* 이 같은 인터넷 여성혐오는 주요 포털사이트의 기사 댓글이나 인터넷 게시판에서 흔히 관찰되며, 여성에 대한 비하와 모욕, 성적 욕설, 여성가족부 희화화, 페미니스트에 대한 적대 등 여러 방식으로 나타난다. 따라서 여성혐오는 특정한 병리현상이 아니라 한국 사회 전반에 깔려 있는, 여성의 열등성을 지속시키는 관념이라고 할 수 있다.[22]

날짜		제목	언론사
2017	09.02	남성 비하 발언 유튜버 '갓건배' 유튜브 본 채널 영구 정지	중앙일보
	11.28	유아인 "나는 '페미니스트'가 아닌 '조직폭력배'와 싸우고 있다"	한국일보
	12.10	反페미니즘단체 "여성전용주차장 등 여성전용예산 중단하라"	서울신문
2018	05.10	은하선 서강대 페미니즘 강연, 일부 학생들 반발에 취소	한겨레
	07.07	지하철 페미니즘 광고 금지 논란	중앙일보
	10.16	성균관대도 총여학생회 폐지 … 대학가 '총여' 왜 사라지나	경향신문
	11.16	산이 논란 속 유튜브에 신곡 '페미니스트' 발표 "누굴 위한 곡?"	디지털타임스
	12.07	"캡틴 마블 안봐" … 남성들 거세진 '페미니즘 콘텐츠 불매'	파이낸셜뉴스
	12.27	논란됐던 '이수역 주점 폭행' 사건 … 결론은 "쌍방 책임"	SBS
2019	01.14	이준석 "경찰, 워마드 운영자 인터폴 적색수배 요청하라"	헤럴드경제
	05.21	민갑룡 경찰청장 "대림동 출동 경찰관들, 나무랄 데 없이 침착하게 조치" … 여경 모임 "여경 혐오 멈춰 달라"	경향신문
	05.28	하태경, 워마드 겨냥 … '최종근 하사법' 발의	헤럴드경제
	09.17	'82년생 김지영' 읽으면 페미?…특정 주제 대화 꺼리는 남녀 직장인들	헤럴드경제
	11.27	"구하라·설리 죽음, 여성 혐오가 낳은 연쇄살인"	머니투데이
2020	01.06	지효 웅앵웅 발언 논란…"남성 비하" VS "흔히 쓰는 말"	스타투데이
	02.08	숙명여대 성전환 합격자 "입학 포기하겠다"	아주경제
	04.13	'페미니스트' 신지예 후보 선거벽보도 훼손 … "여성혐오 범죄"	한겨레
	06.04	서울역 묻지마 폭행범의 여성 폭력 또 있었다	서울신문
	08.11	성전환 변희수 전 하사 "혐오 가득한 곳에서 정의를 묻겠다" … 법정싸움 시작	경향신문
	08.17	기안84 논란 외면한 MBC	동아일보
2021	04.16	"남자들 죽었으면" … 남혐 논란으로 '평점 테러' 당한 웹툰	머니투데이
	05.03	"직원은 무슨 생각으로 …" GS25 남혐 논란 어떻게 수습될까	한국경제

3장

날짜		제목	언론사
2021	05.07	'손가락' 논란 또 터졌다 … 다이소 "2019년 광고 이번 사건과 무관"	MBN
	05.07	남혐 논란에 '숨은 메갈' 찾아 삭제하기 바빠 … 교촌, 인스타서 이미지 삭제	세계일보
	05.07	"음식을 왜 손가락으로 집나?" 치킨업계로 번진 '남혐' 논란	한국경제
	05.21	초록우산 어린이재단, '페미 지원' 논란 … 후원 중단하는 남성들	머니투데이
	05.25	'고추맛' 위에 손가락…랭킹닭컴 '남혐' 논란 사과	국민일보
	05.26	이번엔 국방부 포스터? '남혐' 논란 … '집게 손 모양'	머니투데이
	05.27	카카오뱅크, 남혐 논란 홍보물에 사과… "해당 이미지 삭제"	조선비즈
	06.05	"남성도 여성도 반기지 않았다" … 무신사 대표 사퇴 '시끌시끌'	매일경제
	06.07	'또 그 손가락' 이번엔 전쟁기념관 … "억측 있으나, 임직원 모두 책임"	부산일보
	06.29	브레이브걸스 유나 '오조오억' 해명에도 … 마녀사냥, 왜?	국민일보
	07.09	이낙연·이준석·이철희도 가세, 5년 만에 또 '여가부 폐지' 싸움	중앙일보
	07.24	서울권 대학 '총여학생회 전멸' … 대안 조직은 있나	한국일보
	07.29	양궁 金 안산, 느닷없는 숏컷·페미 논란 활활 … "뭣이 중헌디"	뉴스핌
	08.01	'여성혐오 옹호' 논란에 휩싸인 국민의힘	경향신문
	08.22	'숏컷' 치어리더 하지원 '페미' 공격에 분노한 정치권 "극렬 무슬림과 뭐가 다르냐"	서울경제
	08.23	춘천 업체 채용공고에 남성혐오 손모양 논란	강원일보
	09.16	'이루다 사태' 재발 안 되게…여가부 "AI 윤리 기준 마련해야"	서울경제
	11.21	이준석 "'男은 잠재적 가해자' 그만" 진중권 "안티페미의 개소리"	조선일보
	11.24	"남혐 단어? 몰랐다" 김도연 아나, '오조오억' 발언 사과	머니투데이
	12.09	'여성 젖소 비유'에 불법촬영 논란까지 … 서울유유 결국 사과	한국경제

온라인과 오프라인에서 이루어지는 이런 공격들은 몇 가지 특징이 있다. 첫째, 페미니즘 전반을 워마드와 같은 극단적인 래디컬 페미니즘과 동일시하며 악마화한다. 둘째, 여성 개인의 독립성에 대한 주장이나 기초적인 수준의 페미니스트 발언과 행동에 대해서도 무자비할 정도의 공격과 상징폭력을 행사한다. 셋째, 이런 공격의 목표는 페미니스트라고 의심되는 메시지나 행동을 완전히 격퇴하는 것이다.

대표적으로 2021년 5월, GS25 광고 포스터에 실린 손가락 이미지가 남성 혐오를 표현했다는 논란을 들 수 있다. '캠핑가자 Emotional Camping Must-have Item(감성 캠핑 필수 아이템)'라는 이벤트 진행을 알리는 포스터의 디자인이 메갈리아의 로고와 비슷하다는 것이다. GS25는 남성들의 비난에 직면한 후 몇 차례 수정을 거쳤지만 결국 포스터를 파기했다. 마찬가지로 대학 내 총여학생회의 존속 여부를 둘러싼 논란에서도 제대로 된 논쟁 없이 일방적인 폐지 요구가 관철되었다. 페미니스트들에 대한 공격은 온라인뿐만 아니라 오프라인에서도 계속되었는데, 페미니스트 집회를 따라가며 물총을 쏘고 조롱한 영상을 송출했던 '신남성연대'의 행위나, 래퍼 산이가 연 반페미니스트 콘서트는 해외 언론에도 보도될

만큼 주목을 받았다.*

이 같은 페미니스트 공격이 확산된 사회적 배경으로 김보명은 젠더 이분법에 토대를 둔 생물학적 본질주의가 신자유주의 사회의 탈맥락화된 능력주의와 결합해온 현상을 지적한다.[23] 성차별의 오랜 논리이자 방식인 생물학적 본질주의가 경쟁과 불안 속에서 성장해온 청년 남성들의 '공정성' 담론과 결합하면서 여성혐오로 이어졌다는 것이다. 역사적으로 누적된 구조적 불평등과 문화적으로 일상화된 여성혐오는 이미 너무 익숙하고 자연스럽기 때문에 '차별'로 인지되지 않는 데 비해, 성차별을 시정하기 위한 정책과 제도는 상대적으로 높은 가시성을 획득하면서 '역차별'의 감각을 생산·확산시켜왔다는 설명이다.[24] 이러한 생물학적 본질주의는 여성혐오 담론을 생산하는 남초 커뮤니티

---

* 2022년 1월 1일자 《뉴욕타임스》 아시아 온라인판은 〈한국에서의 새로운 정치적 외침: '남성 혐오자들과 함께 나오다'(The New Political Cry in South Korea: 'Out With Man Haters')〉라는 기사에서 한국의 안티페미니스트 백래시에 대해 보도했다. 페미니스트들을 향해 퍼붓는 비난과 공격을 다룬 이 기사에서 회원이 45만 명이라는 신남성연대의 대표 배인규는 "우리는 여자를 미워하는 것이 아니고 그들의 권리 향상에 반대하지 않지만, 페미니스트는 사회악이다"라고 주장했다. 이보다 앞선 2021년 7월 30일자 《디플로맷》 동아시아 온라인판은 〈페미니즘은 한국에서 어떻게 욕설이 되었나〉라는 기사에서 페미니스트 담론과 이데올로기의 악마화를 다루었다. 이 기사는 청년 남성들이 자신을 '페미니즘의 피해자'로 느끼고, 페미니즘을 남성혐오와 같은 말로 해석하며 워마드로 환원하는 경향이 있다고 기술했다. 그 예로 2018년 가수 산이의 노래 〈페미니스트〉 속 "워마드는 독이야, 페미니스트는 노우(No). 너희들은 정신병이야" 등의 가사를 제시했다.

뿐 아니라, 트위터 등 SNS에서 활동하는 일부 래디컬 페미니스트들도 공유하는 관념이다.

그러나 우리에게 문제되는 것은 생물학적으로 어떤 몸을 가지고 태어났는가 하는 사실보다, 우리가 살고 있는 사회가 여성과 남성의 몸을 어떻게 해석하고, 어떤 의미를 부여하며, 어떤 규범을 제시하는가에 있다. 우리 몸은 하나의 기표signifier이며, 그 의미는 우리가 살고 있는 사회의 정치적·경제적·사회적·문화적 맥락 속에서 부여·탈각·재구성된다는 것이 현대 여성학과 사회과학의 입장이다. 따라서 생물학적 본질주의가 왜 문제가 되는지를 이해하려면 여성운동의 역사와 페미니즘의 이론적 성과를 꼼꼼히 살펴보아야 한다. 그리고 젠더 개념이 전개되어온 사회적 맥락을 이해할 필요가 있다. 생물학적 결정론 역시 19세기 근대 생물학의 남성 중심적 시각이 반영된 것으로, 21세기 사회과학에서 이를 전적으로 믿는 학자들은 매우 드물다.

2

정치세력으로의 확장

1) 선거와 백래시

한국 사회에서 안티페미니스트 백래시가 체계화되기 시작한 것은 2021년 4월 서울시장 보궐선거와, 7월부터 시작된 국민의힘 대선 후보 경선이라고 할 수 있다. 2021년 4월 7일 방송 3사가 참여한 공동 출구조사 결과, 서울시장 보궐선거에서 20대 남성은 72.5퍼센트가 국민의힘 오세훈 후보에게 투표(박영선 후보에게는 22.2퍼센트, 기타 후보들에게는 5.2퍼센트)한 것으로 알려지면서 그 압도적인 지지율이 주목을 받았다. 이에 비해 20대 여성은 오세훈 후보에게 40.9퍼센트, 박영선 후보에게 44퍼센트,

기타 후보에게 15.1퍼센트 투표했다. 20대 여성은 두 거대 정당에 대한 지지율에 큰 차이가 없는 가운데, 여성의 당을 포함한 기타 후보에게 높은 지지를 보낸 것이다.

이 결과를 두고 20대 남성이 선거를 좌우할 주요 세력으로 등장했다는 '이대남(20대 남성)' 담론이 부상했다. 국민의힘에 대한 높은 지지가 이대남의 보수화로, 문재인 정부에 대한 반대가 페미니즘 때문으로 해석되면서, 언론에서 '이대남'은 주로 반여성적 보수성을 띤 사회적 실체로 구축되어갔다.

'이대남' 현상이 주목받은 2021년 4월 서울시장 보궐선거는 예년에 치러왔던 일반적인 선거로 보기 어려웠다. 3선 시장이자 차기 대통령 후보로 강력한 명성을 떨치던 박원순 시장이 권력형 성범죄 혐의를 받고 스스로 세상을 떠난 후 9개월 만에 치러지는 매우 예외적인 선거였다. 코로나19 팬데믹의 위험이 여전히 지속되는 가운데 서울뿐 아니라 부산도 더불어민주당 소속 시장의 권력형 성범죄로 보궐선거를 치르는 상황에서, 더불어민주당 후보가 누구였든 당선될 가망은 별로 없었다. 당시 남초 커뮤니티에서는 더불어민주당에 돌아선 이유로 권력형 성범죄와 함께 조국 사태, 부동산 정책 실패가 주로 언급되었다. 페미니즘에 대한 반대 역시 등장했지만, 앞의 이유들에 비하면 빈도는 낮았다.

그러나 서울시장 보궐선거의 결과가 '이대남'의 승리로 규정되면서, 선거는 더불어민주당에 대한 심판이자 반페미니스트 세력의 승리로 기억되었다. 이후 '이대남'이라는 이름은 청년 남성들을 불러 모으고, 그들과 여성들을 대립시키는 갈등의 구호가 되었다. 그 결과는 같은 해 6월에 열린 국민의힘 전당대회에서 이준석 대표의 당선으로 다시 확인되었다. 이준석 대표는 이후 당내외의 권력 투쟁에서 청년 남성을 동원하는 정치적 전략을 통해 젠더 갈등을 극적으로 키웠다.

주로 청년 세대를 중심으로 온라인 커뮤니티에서 확산되던 안티페미니스트 백래시는, 보수정당의 정치인들에 의해 점차 20대 대선의 돌풍으로 떠올랐다. 2021년 12월, 내부의 권력 다툼으로 위기에 몰린 국민의힘 윤석열 후보는 이준석 당대표와의 갈등을 수습하면서 공약 1호로 '여성가족부 폐지'를 내걸었고, 직후 실시된 여론조사에서 20대 남성들의 지지율을 대폭 끌어올렸다. 이후 정치적 보수주의와 안티페미니즘이 결합된 청년 남성들의 정치세력화는 보수 야당은 물론 여당인 더불어민주당에게도 중요한 정치적 이슈로 떠올랐다.

이전까지는 일부 커뮤니티나 소수 남성 정치인들의 행동으로 인식되던 여성운동과 페미니스트에 대한 공격은, 이 두 사건을 계기로 공적 담론의 영역으로 들어와 정치적 위상을 갖게 되었다. '이대남'이라고 불리는 반페미니스트 청년 남성들의 집합은 이후 '여성가족부 폐지'를 공약으로 내세운 국민의힘의 핵심적인 지지 세력으로 부상했다. 이러한 '여성가족부 폐지' 주장이 대중 동원력을 갖게 된 데는 미디어의 영향이 자리 잡고 있다. 2001년 1월 1일부터 2018년 5월 31일까지 여성가족부 관련 기사를 분석한 연구에 따르면, 여가부는 주로 성폭력 문제와 관련되어 보도되었고, 무능력하거나 존재감 없는 부서로 그려져왔다.[25]

한국 사회에서 전개된 안티페미니스트 백래시의 특징 중 하나는 확산의 계기가 정치권의 동원에 있다는 사실이다. 군복무가산점제도가 위헌판결을 받은 1999년부터 2021년 8월 초까지 백래시의 주요 이슈들이 어떻게 확대 재생산되어 왔는지를 분석한 자료를 한번 살펴보자. 언론기사 수집 사이트인 빅카인즈에서 '여성할당제 폐지', '여가부 폐지', '남성 역차별', '군복무가산점제'를 키워드로 검색한 결과(이 네 개의 단어는 그동안 한국 사회의 여성혐오와 젠더 갈등에 관한 연구들에서 백래시와 관련해 가장 많이 언급되었다),[26] 이 네 개의 단어들이 주제로 등장한 기사의 총량은 별다른 변화가 없다가 2008년에 이르러 크게 증가한다. 그 후 감소와 증가세를 보이다가 2013년에 급증한 후 다시 감소했고, 2017년 증가세로

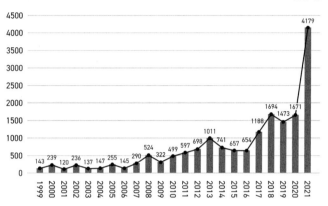

**1999~2021년 '여성할당제 폐지', '여가부 폐지', '남성 역차별',
'군복무가산점제' 키워드로 검색한 기사량의 총합**

(단위: 개)

- 검색 기간: 1999.1.1~ 2021.8.8.
- 사이트: 빅카인즈(BIG KINDS).

돌아선 뒤 2021년에는 급등한다. 2008년은 이명박 정부 출범 초기였고, 2013년은 박근혜 정부 초기, 2017년은 문재인 정부 초기, 그리고 2021년은 서울시장 보궐선거 시기였다. 모두 대통령 선거 직후 새 정부가 수립되는 시기이거나 광역시장 선거가 진행되는 등 정치적으로 중요한 시점임을 알 수 있다.

좀 더 구체적으로 주제별 기사량을 통해 각 시기에 등장한 이슈의 추세를 살펴보면, 2008년에는 '여가부 폐지'와 '군복무가산점제'에 대한 보도가 비슷하게 많았던 데 비해, 2013년에는 '군복무가산점제' 보도가 가장 많았고, 그 다음으로 '남성 역차별', '여가부 폐지' 기사가 많았다. 그러나 2017년부터는 '여가부 폐지' 기사가 가장 많았고, '남성 역차별' 기사가 두 번째 순위를 차지한다. 특이한 점은, 지난 20여 년간 보도량이 극히 미미했던 '여성할당제 폐지'에 대한 언급이 2019년에 두 배로 급증한 후, 2021년에는 다시 세 배가량 뛰었다는 것이다.

이러한 추이는 각 정부의 출범 초기에 정치권에서 어떤 사안을 이슈화했는지 보여준다. 이명박 정부가 들어선 2008년에는 과거 노무현 정부에서 많은 성과를 거둔 여성가족부를 폐지하려는 정치적 공세를 펼쳤다. 2013년에는 박근혜 정부가 국방부를 중심으로 군가산점제 부활을 목표 삼아 여론을 몰아갔고, 2017년부터는 여가부 폐지를 목표로 보수 야당 정치인들의 발언이 늘어나면서 논란이 일어났다. 특히 주목할 만한 것은 '여성할당제 폐지' 관련 기사가 2019년 이후 급등한 점이다. 여성할당제 폐지 요구는 문재인 정부 출범 이후 개설된 청와대 국민청원 게시판에 2017년부터 계속 올라왔지만 별 호응을 얻지 못했었다. 그러다 2021년 5월, 국민의힘 당대표 선거에서 이준석 후보가 '국회의원 공천 과정에서의 여성할당제 폐지'를 공약으로 내세우며 재점화되었다.

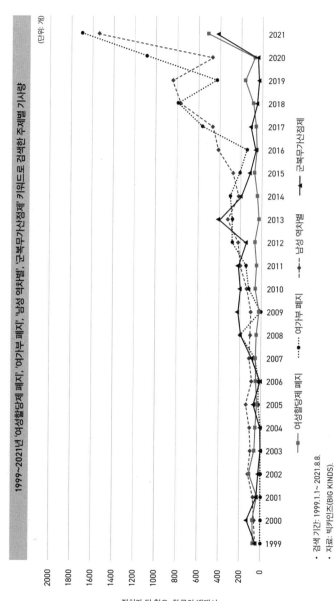

1999~2021년 '여성할당제 폐지', '여가부 폐지', '남성 역차별', '군복무가산점제' 키워드로 검색한 주제별 기사량

(단위: 개)

- 검색 기간: 1999.1.1~2021.8.8.
- 자료: 빅카인즈(BIG KINDS).

— 군복무가산점제
--◆-- 남성 역차별
······●······ 여가부 폐지
—■— 여성할당제 폐지

정치가 된 혐오, 한국의 백래시

145

이러한 20여 년간의 추이는 백래시를 이끌어간 주도 세력이 정치권에 있음을 보여준다. 백래시의 정치화는 '한나라당'에서 '새누리당'으로, 다시 '국민의힘'으로 명칭을 바꾸는 가운데 민주당의 통치 기반을 약화시키고자 했던 거대 보수정당, 그리고 20대 남성을 자신의 정치적 지지 기반으로 두려는 일부 정치인들의 행위를 동력 삼아 초래되었다고 할 수 있다.

　　보수 야당의 정치적 동원 전략으로서 안티페미니스트 백래시는 2020년 8월부터 2021년 7월까지 1년간의 보도량 변화에서 명확히 나타난다. 네 개 단어를 주제로 한 기사량의 변화 추이를 살펴보면, 50~230여 개에 불과하던 기사량은 2021년 4월에 1000개를 넘어섰다. 바로 직전 3월의 기사량 76개와 비교하면 한 달 새 10배 이상 증가한 것이다. 이에 대한 주제별 기사량을 구체적으로 살펴보면, 2021년 4월에는 남성 역차별 주제가 급증해 이 시기 보도량 증가의 대부분을 주도했다면, 7월에는 여가부 폐지 주제가 압도적인 비율로 급등했다. 2021년 4월에는 서울시장과 부산시장의 재보궐선거에서 국민의힘이 군복무와 여성할당제로 인한 남성 역차별을 주장하며 청년 남성들의 지지를 호소했다. 그리고 7월 초에는 20대 대통령 선거를 위한 국민의힘 내부 경선에서 유승민 후보가 공약 1호로 여가부 폐지를 내걸었고, 하태경

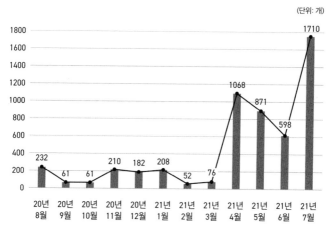

2020~2021년 '여성할당제 폐지', '여가부 폐지', '남성 역차별', '군복무가산점제' 키워드로 검색한 기사량의 총합

(단위: 개)

232	61	61	210	182	208	52	76	1068	871	598	1710

20년 8월 · 20년 9월 · 20년 10월 · 20년 11월 · 20년 12월 · 21년 1월 · 21년 2월 · 21년 3월 · 21년 4월 · 21년 5월 · 21년 6월 · 21년 7월

· 검색 기간: 2020.8.1 ~ 2021.7.31
· 사이트: 빅카인즈(BIG KINDS).

의원과 이준석 대표가 이를 지지하면서 여가부 폐지에 관한 논쟁이 전국적으로 확산되었다.

군복무가산점제 폐지 이후 20여 년에 걸친 변화와 최근 1년간의 추이를 분석한 결과는, 한국 사회에서 안티페미니스트 백래시는 정치적으로 동원되었고, 특히 대통령 선거 시기에 대중 동원의 전략으로 확대되어왔다는 사실을 알려준다. 타깃이 된 집단은 20대 청년 남성이었다. 군복무에 대한 이들의 부정적 인식·경험에 편승한

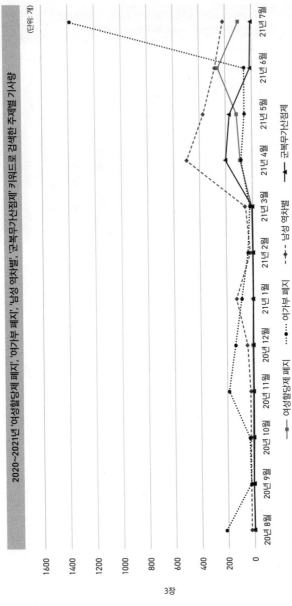

2020~2021년 '여성할당제 폐지', '여가부 폐지', '남성 역차별', '군복무가산점제' 키워드로 검색한 주제별 기사량

(단위: 개)

- 검색 기간: 2020.8.1.~2021.7.31.
- 자료: 빅카인즈(BIG KINDS).

범례:
- 여성할당제 폐지
- 여가부 폐지
- 남성 역차별
- 군복무가산점제

y축: 0, 200, 400, 600, 800, 1000, 1200, 1400, 1600

x축: 20년 8월, 20년 9월, 20년 10월, 20년 11월, 20년 12월, 21년 1월, 21년 2월, 21년 3월, 21년 4월, 21년 5월, 21년 6월, 21년 7월

피해자 정서를 중심으로, '적극적 조치' 원리에 근거한 여성 차별 시정정책을 남성 역차별로 곡해하는 메시지를, 온라인 커뮤니티와 언론을 통해 집요하게 배포함으로써 정치적 지지를 획득하는 전략이 백래시의 확대 요인이라고 할 수 있다.

2) 젠더 갈라치기의 효과

정치권과 언론에 의해 증폭되어온 '젠더 갈등' 전략이 '젠더 갈라치기'의 결과라는 사실을 보여주는 증거가 있다. 2021년 7월 발생한 '오조오억 사건'에 대한 《시사인》의 설문조사에서[27] 흥미로운 사실을 발견할 수 있다. 이 사건은 2021년 7월 30일 국민의힘 양준우 대변인이 자신의 페이스북에 도쿄올림픽 양궁 금메달 3관왕 안산 선수에 대해 '페미니스트 아니냐'고 지적하는 글을 올리면서 시작되었다. 그 근거로 헤어스타일이 숏컷이고, 여대 출신이며, 과거 인스타그램에 "○○ 안 본 지 오조오억 년" 같은 말을 썼다는 점을 들었다.

그는 안산 선수가 남혐 용어를 사용한 래디컬 페미니스트라고 주장했다. '오조오억'은 여초 커뮤니티에서 사용되어온 신조어로, 매우 많다는 뜻이다. 2017년 TV에서

한 오디션 프로그램 출연자가 사용하면서 널리 알려진 후 광고와 드라마, 예능 프로그램에서 사용되어왔다. 그 후 이 단어가 남성 혐오라는 주장이 일부 남초 커뮤니티에서 제기되었는데, "남성 정자가 쓸데없이 5조 5억 개나 된다"는 의미로 사용되었다는 것이 그 근거였다. 남초 커뮤니티 이용자들은 '오조오억' 단어를 사용한 유튜버나 걸그룹 여성에게 집단적으로 항의해 사과를 받아내기도 했다.

그러나 설문조사에서 응답자의 62.8퍼센트는 이 말의 뜻을 "모른다"고 응답했다.[28] 즉, 응답자 10명 중 6명은 몰랐다는 것인데, 이는 이 단어의 낮은 인지도를 보여준다. "안다"고 답한 응답자 중에서도 혐오 표현이 아니라고 응답한 이들이 더 많았다. 또한 "혐오 표현이 아니다"라는 응답이 23.3퍼센트인 데 비해 "혐오 표현이다"라는 응답은 13.8퍼센트에 불과했다. 20대에 한정해보면, 20대 남성의 35.9퍼센트가 "혐오 표현이 아니다"라고 응답했고, 34.3퍼센트는 "모르겠다", 29.8퍼센트가 "혐오 표현이다"라고 응답했다. 20대 남성들조차 혐오 표현이라고 생각한 사람들은 10명 중 3명에 불과한 것이다. 이에 비해 20대 여성은 63퍼센트가 "혐오 표현이 아니다", 32.1퍼센트가 "모르겠다"고 응답했으며, "혐오 표현이다"라고 응답한 사람은 4.8퍼센트에 그쳤다.

더 구체적으로는 남초 사이트 이용자를 대상으로 했을 때 51.1퍼센트가 "모르겠다", 25.8퍼센트가 "혐오 표현이 아니다", 23.1퍼센트만이 "혐오 표현이다"라고 응답했다. 여초 사이트 이용자 중에는 52.6퍼센트가 "모르겠다", 35.1퍼센트가 "혐오 표현이 아니다"라고 응답했고, 12.3퍼센트만이 "혐오 표현이다"라고 응답했다. 남초·여초 사이트 이용자들 중에서조차 해당 이미지가 혐오 표현이라고 생각하는 사람들은 소수였음을 알 수 있다.

이러한 결과는 '오조오억 사건'이 대다수 시민들은 정확한 의미마저 알지 못하는 단어를 빌미 삼아 페미니스트라는 혐의 아래 일방적으로 공격하고 사과를 요구한 사건이었음을 보여준다.[29] 이는 일부 남초 커뮤니티에서 통용되는 극단적인 여성혐오적 인식이 다수의 의견처럼 보이도록 착시효과를 생산하는 데 언론과 정치계가 앞장선 결과라고 할 수 있다. 조사를 수행한 《시사인》 기자들은 '어떤 단어가 혐오 표현인지 아닌지'라는 논란 자체가 특정 집단을 정치적으로 응집시키고, 다른 집단을 공격하는 데 이용되어왔다고 결론지었다.

3) 여성가족부 폐지 논쟁

① 폐지 구호의 정치적 맥락

20대 대선을 앞둔 2021년 1월 초, 국민의힘 윤석열 후보는 "여성가족부 폐지"라는 단 한 줄의 메시지를 페이스북에 올렸다. 왜 여성가족부가 폐지되어야 하는지에 관한 근거는 전혀 없었다. 내선 중 열린 TV 토론에서 여가부 폐지의 근거를 묻는 질문에 "한국 사회에 이제 구조적 성차별은 없다"는 짧은 메시지를 던졌는데, 이 역시 근거는 없었다. 이후 "구조적 성차별은 없다"는 주장은 여러 차례 반박을 받았지만, 윤석열 정부가 출범한 후 여성가족부 폐지 주장을 이끌어온 상징적 슬로건이 되었다.

선거 후 윤석열 당선자는 "여성가족부는 역사적 소명을 다했다. 이제는 더 효과적으로 불공정, 인권침해, 권리구제 이런 것들을 (해결하기) 위해서 더 효과적인 정부조직을 구상해야 된다"고 말하며 폐지 공약의 철회는 없다고 밝혔다. 그러나 여성가족부의 역사적 소명이 무엇인지, 어떻게 소명을 완수했는지에 대한 설명은 없었다. 이후 2022년 12월 현재까지 여성가족부 폐지라는 정부의 공식 입장은 바뀌지 않고 있다. 달라진 것이 있다면, 김현숙 장관 취임 이후 여가부 폐지 추진의 사유가 "문재인 정부 시절 여가부가 젠더 갈등을 심화시켜서"로 바뀌었다는 점이다. 선거 전 '여가부 소명 완수론'에서 정부 출범 후 '여가부 책임론'으로 방향이 180도 달라졌다고 할 수 있다.*

정부 기구로서 여성정책 담당 부서는 1989년 노태우 정부의 제2정무장관실에서 출발했다. 그러나 여성정책 전담 부서로서 성평등 관점과 성평등 사회의 비전을 갖추고 독립적 위상을 확보한 것은 2001년 김대중 정부의 여성부가 발족하면서부터라고 할 수 있다. 여성부는 이후 노무현 정부에서 여성가족부로 확대되고, 호주제 폐지와 성매매방지법 등 오랫동안 여성계의 숙원이었던 과제들을 해결하면서 커다란 성과를 거두었다.

여가부 폐지론이 한국 사회에서 정치적 이슈가 된 시점은 이명박 정부의 출범 시기였다. 이명박 정부는 노무현 정부의 대표적 성과였던 여성정책과 이를 뒷받침한 여성운동에 대한 공격으로서 여성가족부 폐지를 선언했

---

* 여성가족부 폐지 공약의 이행을 둘러싼 우려의 목소리는 대선 당시 국민의 힘 내부에서도 여러 갈래로 터져 나왔다. 조은희 의원은 2021년 8월 "여가부를 저출생·가족 문제를 전담하는 부총리급으로 격상해야 한다"고 주장했다. "저출생·인구절벽에 부딪힌 시대에 여가부가 누구보다 주도적인 역할을 해야 할 부처라고 생각"하지만 예산과 규모의 한계, 리더십 부족과 정책 혼선 등으로 국민의 비판을 받아왔고, 이를 해결할 수 있는 시스템으로 확대 개편해가야 한다는 입장이다. 같은 당 서병수 의원은 페이스북에서 "여가부 폐지라는 공약, 다시 들여다보자"며 "차별, 혐오, 배제로 젠더의 차이를 가를 게 아니라 함께 헤쳐 나갈 길을 제시하는 게 옳은 정치"라고 쓰기도 했다.[30]

다. 그러나 당시 여성운동계의 반발과 정책적 성과에 힘입은 여성가족부의 열정적 저항이 이어지면서 여성가족부는 규모가 대폭 축소된 채로 살아남았다. 이후 여성가족부는 청소년 게임셧다운제의 주무부처로 대중의 비난을 받기도 했지만, 폐지론이 사회적으로 집중 조명을 받게 된 것은 2017년 문재인 정부 출범 이후 야당 의원들의 정치적 공세의 표적이 되면서부터라고 할 수 있다.

또한 '여가부 폐지'라는 구호를 정치 슬로건으로 끌어올린 것은 국민의힘 이준석 대표의 전략이라고 할 수 있다. 그는 단 한 번의 국회의원 경력도 없는 상태에서 거대 보수정당의 대표직에 오르기 위해 일부 남초 커뮤니티의 여성혐오 정서에 주목했고, 이를 '여가부 폐지'라는 정치적 슬로건으로 주조해냈다. 일부 남초 커뮤니티의 안티페미니즘과 여성혐오 정서는 1999년 군복무가산점제도의 위헌판결 이후 인터넷을 중심으로 형성되어왔으나, 사회적 영향력은 크지 않았다. 그러나 2020년 서울시장 보궐선거에서 20대 남성들의 오세훈 후보 지지가 '이대남 프레임'으로 규정되면서 정치적으로 주목받기 시작했다. 그리고 20대 남성들은 국민의힘과 이준석 대표, 윤석열 후보로 이어지는 대선 행렬의 강력한 지지 세력으로서 정치적 효능감을 과시했다.

20대 남성들의 투표 성향에 대해서는 다른 해석들도

제기되어왔다. 20대 남성의 국민의힘 지지 현상은 이미 2016년 총선과 2017년 대선에서도 두드러졌다는 것이다. 《오마이뉴스》의 기사 〈이대남은 정말 여가부 폐지에 열광했을까?〉에 따르면, 20대 남성의 민주당 지지 이탈은 이미 2016년부터 나타났다. 2016년 20대 남성은 안철수 대표가 이끌던 국민의당 돌풍의 지지 세력으로서 민주당 지지층이 아닌 '스윙보터'(부동층)의 면모를 과시했고, 2017년 대선을 앞두고 나온 여론조사 결과에서도 민주당 문재인 후보에 대한 지지 비율이 37퍼센트에 불과해, 56퍼센트 지지를 보인 20대 여성과 큰 차이가 나타났다는 것이다.[31]

성별 갈라치기를 대선 전략으로 삼은 국민의힘은 20대 남성들과 윤석열 정부를 일종의 채무관계로 만들었다. 윤석열 정부로서는 본인의 정치적 신념 때문이든 열성 지지자를 실망시키지 않기 위해서든 안티페미니즘적 행보를 걸어야 하는 상황에서 여가부 폐지 주장을 굽히지 않고 있다. 그러나 2022년 6월 실시된 제8대 지방선거에서 20대 남성의 선거 참여율은 29.8퍼센트에 머물렀다. '이대남' 동원 전략을 구사했던 이준석 국민의힘 대표는 이후 성상납 혐의와 함께 당 내 윤리위원회에서 6개월의 정직 처분을 받았다.

그러나 앞서 보았듯이, 20대 남성들이 불안·분노하

게 된 사회적 맥락을 따져보면 그 원인은 여성운동이나 여성정책, 여가부의 존재에 있지 않다. 1990년대 말 외환 위기 이후 확대되어온 신자유주의 경쟁 체제에서 청년 세대는 성별에 관계없이 고용과 삶의 총체적 불안정에 직면해 있다. 이런 세대적 상황 때문에 이들을 '생존 세대', 연애·결혼·출산을 비롯한 사회적 관계와 개인적 삶의 중요 조건들을 포기해가는 'n포 세대'로 부르며, 이런 불행은 이들이 직면한 조건이다. 따라서 청년 세대의 불안과 분노, 우울과 좌절은 남성에게만 국한되지 않으며, 여성을 포함한 청년들의 세대적 특징이다. 이런 상황에서 청년 남성들은 자신의 분노를 투사할 집단으로서, 아버지 세대에는 경쟁 상대가 되지 못했던 여성들을 지목해왔다. 이는 인터넷 속 일부 청년 남성들에게 나타나는 현상이지만, 코로나 팬데믹으로 대면 접촉이 부족해지고 사회적 단절감이 증가하면서 인터넷 소통은 더욱 더 적대적인 분위기로 진행되었다.

정치권은 혐오의 정서를 정치적 정동으로 구축했다. 이러한 정동이 한국 사회를 어디로 이끌어갈지에 대해서는 미국 트럼프 정부의 사례를 참고할 수 있다. 혐오에 기반을 둔 정치세력의 동원은 트럼프 시대의 주요 특징 중 하나다. 트럼프 전 대통령이 농촌 지역 백인 중·장년 남성들의 보수적 정서를 자극하고, 여성과 유색인, 외국계 노동자에 대한 혐오를 부추겨 정치권력을 잡았던 사실은 잘 알려져 있다. 트럼프 집권 후 미국 사회는 분열과 대립, 갈등과 혐오에 시달렸다. 그리고 이런 혐오 정치의 결말은 2020년 대선 당시 트럼프의 패배를 인정하지 않는 무장한 백인 남성들의 국회의사당 폭동이었다. 백래시의 종착점이다.

② 폐지 주장의 문제점

근거 기반 정책evidence-based policy이라고 불리는 정책 형성의 원칙이 있다. 국가가 정책을 기획할 때 자의성이나 특정 집단의 이해관계에 휘둘리지 않으며, 객관적인 근거를 토대로 구상하고 결정해가야 한다는 것을 규정한 개념이다. 따라서 여가부 폐지 역시 국가 정책으로서 정당성을 얻으려면 객관적인 근거가 필요하다. 한국 사회에 더 이상 성차별이나 성별 불평등은 존재하지 않으며, 여성가족부로 인해 오히려 남성들이 차별받는다는 주장이 입증되어야 한다. 일터와 가족, 사회 곳곳에 성별 불평등이 여전히 존재하며, 여성에 대해 직접적인 차별뿐만 아니라 간접적인 차별이 계속되고,* 폭력과 안전에서

---

* 직접차별과 간접차별은 법적 개념이다. '직접차별'이란 동일한 상황에 있는 사람을 그 사람의 성별이나 인종, 종교, 국적 같은 특성을 이유로 다르게 대우하는 것을 뜻한다. '간접차별'이란 고용주의 차별 의도가 없어도 외형상

성별 불균형이 극심하거나, 가족 돌봄이 주로 여성의 책임으로 주어진다면 여가부 폐지의 정당성은 인정받을 수 없을 것이다.

그러므로 여가부 폐지를 주장하는 이들은 먼저 다음과 같은 질문에 답해야 한다. 한국 사회에서 여성과 남성은 이제 평등한가? 일터와 가족, 사회에 존재해온 성별 불평등은 사라지고 있는가? 여가부 없이 성별 임금격차와 유리천장, 불균형한 돌봄 노동은 해소될 수 있는가? 여성과 남성이 직면한 현실은 '구조적 성차별' 대신 '개인적 불공정'이라는 잣대로 해결될 수 있는 것인가? 이러한 질문들과 관련된 몇 가지 자료들을 살펴보자.

· 성별 격차

성평등 정책의 기획과 결정에서 근거로 삼는 주요 지표들로는 고용률, 저임금노동자, 경력단절 여성, 한부모 가구, 4급 이상 일반직 국가공무원, 상장법인 임원, 성폭력 피해자, 디지털성범죄 피해자 지원 등이 있다. 2021년 주요 성별 격차를 살펴보면, 8개의 지표에서

중립적인 고용 관행이 특정 집단의 구성원에게 불평등한 영향을 끼칠 경우 차별로 해석할 수 있다는 것이다. 예를 들어 여성이라는 이유로 차별적 대우가 이루어지는 경우 직접차별, 명시적으로는 성별을 지목하지 않지만 결과적으로 여성이 불리한 대우에 처할 경우 간접차별로 해석될 수 있다.

2021년 주요 성별 격차			
지표	성별 현황		남성 대비 여성의 격차
	여성	남성	
고용률(%)	50.7	69.8	-19.1
저임금노동자(%)	24.1	12	+12.1
경력단절(명)	1,506,000	자료 없음	자료 없음
한부모 가구 수	1,152,000	381,000	+771,000
4급 이상 일반직 국가공무원(%)	17.8	82.2	-64.4
상장법인 임원(%)	5.2	94.8	-89.6
성폭력 피해자(명)	20,051	1,433	+18,618
디지털성범죄 피해자 지원(명)	4,047	926	+3,121

자료: 여성가족부.

성별 격차는 매우 크게 나타난다. 여성은 남성보다 고용률이 19.1퍼센트 낮으며, 4급 이상 일반직 국가공무원은 64.4퍼센트, 상장법인 임원은 89.6퍼센트 낮다. 이는 노동시장에서 남성보다 여성의 고용률이 훨씬 낮으며, 국가 공직과 민간 기업에서 여성은 견고한 유리천장 아래 놓여 있음을 보여준다.

반면 저임금노동자 비중은 여성이 두 배(+12.1%)에

달하며, 경력단절 여성은 150만 6000명에 이른다. 한부모 가구 중 여성이 한부모인 경우는 3분의 2를 차지하며, 성폭력 피해자의 93.3퍼센트, 디지털성범죄 피해자로 지원받은 사람의 81.4퍼센트가 여성이었다. 즉, 여성은 남성에 비해 저임금노동자의 비중이 높고, 경력단절을 겪을 위험이 있으며, 한부모 가구주가 될 가능성이 훨씬 크고, 성폭력과 디지털성범죄 피해자의 절대 다수를 차지한다.

한국의 성별 임금격차가 OECD 국가 중 가장 크다는 사실은 잘 알려져 있다. 한국노동연구원이 1998년부터 매년 조사해 발표하는 한국노동패널 통계의 1~20차 임금 조사 자료를 모아 20년간의 성별·연령별 실질임금비를 구성한 임금격차 그래프를 한번 살펴보자.[32] 실질임금이란 명목임금에 물가인상률을 반영한 것으로, '성별 실질임금비 추세' 실선은 남성 임금 대비 여성 임금의 비율을 표현한다.

이에 따르면 여성의 임금 수준은 남성의 임금에 대비해 20대 전반에 가장 높고, 이후 하락해 40대에 정체하다가 50대 중반 이후 다소 증가하는 것으로 나타난다. 이는 지난 20년간 성별 임금격차가 20대 초반 연령대에서 가장 작고, 이후 40대 중반까지 지속적으로 확대되다가, 50대 중반 이후 소폭 감소해왔다는 사실을 알려준다.

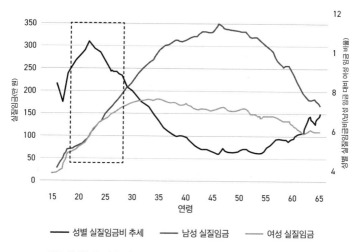

1998~2017년 성별·연령별 실질임금비를 통해서 본 여성과 남성의 임금격차

• 자료 : 최세림 외, <생애주기에 따른 성별 임금격차>, 한국노동연구원, 2018.

이 그래프에서 주목할 만한 것은 20대 중반 이후 급강하하는 '성별 실질임금비 추세' 선의 기울기다. 이때부터 40대 초반까지 거의 45도 기울기로 낙하한다. 이는 남성임금 대비 여성 임금이 20대 중반 이후 급격히 저하해왔음을 보여준다.

이러한 통계치는 여성들이 학교를 졸업한 후 취업하는 20대 전반에는 성별 임금격차가 가장 작지만, 이후 30대가 되면 결혼이나 출산, 양육으로 더 이상 임금이 높아지지 않는 현실을 알려준다. 이 그래프의 '여성 실질임금' 선은 이러한 여성의 실질임금 변화 추세를 보여준다. 이에 비해 남성의 실질임금은 20대에 여성과 큰 차이가 없다가, 30대 들어 점차 벌어지기 시작해, 40대 후반 가장 높은 수준에 이른다. '남성 실질임금' 선은 그러한 남성의 실질임금 변화 추세를 보여주며, '남성 실질임금' 선과 '여성 실질임금' 선 사이의 면적은 남성과 여성의 임금격차를 의미한다.

이 그래프는 2017년도까지의 통계를 담았기 때문에 이후 5년간 성별 임금격차의 변화는 포함되어 있지 않다. 그러나 2022년 명목임금의 성별 격차가 31퍼센트라는 사실을 고려하면, 성별 실질임금격차 역시 여전히 클 것이라는 사실을 짐작할 수 있다. 성별 임금격차는 일터에서 여성이 처한 지위와 조건의 격차를 종합적으로 보여주는 최종 지표라고 할 수 있다. 따라서 성별 임금격차의 이러한 양상은 한국의 노동시장과 조직에서 여성들이 처한 구조적 불평등의 효과를 드러내며, 성차별적 관행이 지속되고 있음을 시사한다.

• 국가성평등지수

2021년에 발표된 2020년 국가성평등지수를 살펴보면, '완전 성평등'을 100점이라고 했을 때 보건(95.7), 교

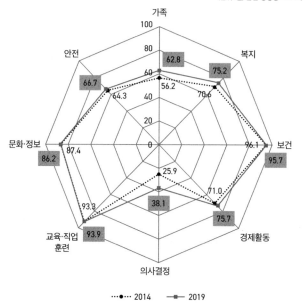

2020년 국가성평등지수

(단위: 점, 완전 성평등=100.0)

···●··· 2014 ──■── 2019

- 각 연도는 통계 생산 기준이다.
- 자료: 김경희 외, <2020년 국가성평등보고서>, 여성가족부, 2020.

육·직업훈련(93.9), 문화·정보(86.2)의 격차는 크게 감소하고 있으나, 경제활동(75.7), 복지(75.2), 안전(66.7), 가족(62.8)은 여전히 적지 않은 격차를 보인다. 가장 큰 격차를 보이는 곳은 의사결정(38.1)으로, 지수가 매우 낮다. 한국의 높은 의료·교육·문화 수준으로 성별 격차가 줄었지만, 경제와 복지·가족·안전 등 일상적인 소득활동, 사회복지, 돌봄과 가족관계, 폭력과 범죄로부터의 안전 등 기본적인 생활 영역에서는 큰 격차가 지속되는 것이다. 가장 심각한 격차가 나타난 의사결정 영역의 여성 대표성 지수는 국회나 지방의회, 공공과 민간 부문 고위직에서 여성 진출이 매우 제한되어 있음을 보여준다.

이러한 성별 격차들은 국가의 정책적 개입이나 적극적인 사회적 노력 없이 저절로 줄어들 수 있을까? 현재로선 어떤 여성학자도 그렇다고 답하지 않는다. 국가가 공공 부문의 성평등 수준을 높이기 위해 제도와 관행을 바꾸고, 그 효용성과 정당성을 증명해가는 동시에, 민간 부문과 개인들의 변화를 유도하는 정책적 실천을 이어갈 때만 변화를 기대할 수 있다.

3

지역사회에서의 전개

1) 여성정책연구기관 축소

2022년 대통령 선거 전후 중앙정부의 여성가족부 폐지 정책은 안티페미니스트 백래시의 주요 쟁점으로 떠올랐지만, 백래시의 실질적 전개 양상은 오히려 지역사회에서 먼저 나타나고 있다.

첫 번째 타깃은 지방자치단체 산하 여성정책연구기관이다. 2022년 12월 현재 대구, 부산, 경남, 울산에서 공공기관 통폐합 정책 기조에 따라 여성정책 관련 기관이 다른 기관과 통합·축소되거나 성격이 바뀌고 있다. 2022년 6월, 이들 지역에서 당선된 여당 소속 자치단체

장들과 지방의회는 여성정책 관련 기관들을 다른 기관과 통합하는 조례를 통과시켰거나 통합을 추진했다.* 지역 여성정책연구기관들이 일반 연구기관이나 사회복지기관과 통합되어 하위 부서로 편재하게 됨으로써 초래될 결과는 무엇일까?

첫째, 여성정책의 고유성과 전문성이 사라지고 사회복지 정책의 하위 분야로 축소될 수 있다. 여성정책은 정책의 주체로서 여성의 요구에 기반을 두며, 성평등을 최종 목표이자 가치로 삼는다. 따라서 이러한 여성정책은 성인지적 관점·이론·방법론에 숙련된 전문적 연구 인력

---

* 이런 흐름의 선두에 홍준표 대구시장이 있다. 대구시는 대구여성가족재단을 '대구시행복진흥사회서비스원'으로 통합하고 여성가족본부로 격하시켰다. 아울러 양성평등기금을 폐지하고, 대구여성회관과 동부여성회관을 도시관리본부로 통폐합했다(대구시는 성평등 정책의 폐지와 함께 인권과 사회복지 정책에서도 후퇴 중이다. 인권위원회와 사회복지기금, 남북교류협력기금 등도 폐지했으며, 100조 원 이상의 예산을 토건 사업에 투자할 계획이다).[33] 부산시는 박형준 시장이 취임한 이후 부산여성가족개발원의 일부 기능은 부산인재평생진흥원과 통합되고, 여성정책연구 기능은 부산연구원으로 이관되었다. 이러한 조치는 여성정책연구 기능이 부산연구원의 하위 부서로 편재되어 있던 20여 년 전으로 퇴행한 조치라고 비판받았다.[34] 경상남도에서는 도의회에서 한 여당 의원이 "여성에 집중했던 패러다임에서 벗어나야 한다"고 주장하고, 여성가족재단 대표가 경남여성가족재단의 명칭을 '양성평등재단'으로 바꾸고 남성 대상 사업을 확대하겠다는 방침을 내놓았다가 도민들의 반발로 무산되었는데, 일시 중단일 뿐 이러한 시도는 여전히 진행 중이다.[35] 울산시도 복지 분야 공공기관 효율화를 위해 울산여성가족개발원과 울산사회서비스원을 통합해 '복지가족진흥사회서비스원'으로 통폐합한다는 지침을 발표했다.[36]

에 의해 기획·개발되어야 한다. 그런데 사회복지기관으로 통합되면 성평등 가치와 성인지 관점은 급격히 위축되거나 소실될 수 있다. 사회복지 정책은 우선적으로 취약한 계층과 집단을 경제적·심리적으로 지원하는 데 목표를 두므로(선별적 복지), 취약계층 여성들이 1차적 대상이 될 뿐 전체 여성에 대한 정책적 접근은 매우 요원하다.

설사 보편적 복지 정책이라고 해도 여성은 수혜자의 위치로 제한될 뿐, 정책 결정의 과정에 주도적으로 참여할 수 있는 주체가 되거나 정치적 세력화를 이룰 것이라고 기대할 수 없다. 또 성별 차이와 불평등에 대해 적극적으로 문제제기할 주체 집단이 존재하지 않으므로 정책의 효과가 성별 격차의 해소에 기여하도록 설계하기도 어렵다. 오히려 복지 정책의 결과로 여성의 정책 의존성이 커지고, 정부의 복지 예산 증감에 따라 삶의 불안정성도 커지는 상태에 처할 수 있다.

둘째, '여성정책'이라는 명칭을 지우는 행위는 공공 영역에서 젠더 정치를 삭제한다. 이로써 성별 불평등이라는 구조적 불평등과 차별이 존재하며, 이를 해소하기 위한 사회적 실천이 중요하다는 사실도 잊게 만든다. 여성정책은 단순히 정책의 대상 집단으로서 여성의 이해利害를 반영한 것이 아니다. 성평등 민주주의의 관점에서 사회집단과 조직의 규칙·문화를 바꾸는 것, 즉 주류의 전환을 최종 목표로 삼아 기획된다. 따라서 여성정책연구가 사회복지기관의 하위 부서로 자리매김될 경우, 남성에 비해 취약한 집단이라는 여성 이미지와 의존적 개인이라는 개별화된 인식 위에서 여성의 주변성을 더욱 강화할 수 있다.

셋째, 일방적인 복지 정책의 효과는 전통적인 성역할을 강화하며, 그 결과 성별 불평등을 확대할 수 있다. 여성의 자녀 양육을 보조하기 위한 현금 지원이나 관련 서비스의 경우 일시적으로 여성의 부담을 덜어줄 수는 있지만, 남성의 양육 참여를 확대하거나 성역할 분리를 완화하는 결과는 가져올 수 없다. 따라서 돌봄과 임금노동과 관련해 여성이 받는 불이익과 불평등은 계속될 것이다.

이런 결과를 고려해보면, 여성정책연구기관을 사회복지기관으로 통합하는 것은 결국 여성정책을 지우고, 지자체 정책에서 성평등 가치를 배제하는 데 목적이 있음을 알 수 있다. '행복진흥', '복지가족' 등 어떤 논리성도 찾아보기 어려운 간판을 달거나, 일반 연구원으로의 흡수통합, '양성평등' 운운하는 개편은 모두 지자체 정책에서 '여성'과 '성평등'을 삭제하고, 여성정책을 최소한의 사업으로 국한하려는 의도를 명백히 보여준다.

2) 성평등 교육환경 조성 반대

지역에서도 여성가족부 폐지 논쟁 이전부터 성평등 제도·문화의 확산을 위한 정부의 노력은 늘 반대에 부딪혀왔다. 2019년 이후 발생한 사건들 중 가장 주목할 만한 사건은 성평등 교육환경을 조성하기 위한 조례 제정을 둘러싼 반발이다. 이 활동은 2020년 상반기부터 더불어민주당 소속 시·도의원들의 주도로 추진되어왔다. 2020년 상반기에 서울, 부산, 대구, 세종, 강원, 충북 등 6개 광역시의회에서 발의되었으며, 서울시에서는 3월, 충북에서는 4월에 의회를 통과해 조례로 제정되었다. 그러나 세종시와 부산시의 경우 '양성평등' 용어가 사용되었으며,* 강원도와 대구시는 보수 단체의 강한 반발과 의회의 소극적 태도로 인해 무산되었다.

강원도의 경우, 더불어민주당이 다수를 차지한 의회와 진보 교육감 체제 아래 성평등 교육제도를 정비하기 위한 여러 시도가 있었지만 보수 단체의 반대로 무산되

---

* 세종시의 경우 '성평등' 용어의 사용을 둘러싸고 '세종건강한교육학부모회' 등 보수 학부모 단체와의 갈등이 있었지만, '양성평등'으로 용어를 수정한 후 2020년 7월 본회의에서 조례가 가결되었다.[37] 부산시의회에서는 처음부터 '양성평등 교육환경 조성에 관한 조례'로 발의되어 2020년 7월에 제정되었다.

곤 했다.* 이들의 반대 이유는 '성평등'은 양성평등이 아
니라 성소수자의 권리까지 포함하는 것이므로 허용할 수
없다는 것이었다. 결국 반대 의견을 수렴한다는 구실로
법안은 철회되었다.

비슷한 일은 대구에서도 벌어졌다. 성평등 교육환경
조성을 위한 조례 수립이 무산된 것이다.** 조례가 제안
된 배경에는 미성년자 대상 'n번방' 사건이나 학교 내 성
범죄 사건 등에 대응하기 위해 성평등 교육을 강화하고,
학교 구성원의 성인지 감수성 향상과 성폭력 근절 대책
이 필요하다는 이유가 있었다. 그러나 조례안이 '양성평
등' 대신 '성평등'을 사용해 동성애를 조장하고 성소수자
를 보호한다는 반대가 일부 기독교계를 중심으로 일어

---

*   2020년 6월 강원도의회는 디지털성범죄 예방을 목적으로 '강원도교육청
성평등 교육환경 조성에 관한 조례' 제정을 추진했으나, 보수 단체들의 반
대에 직면해 철회했다. 더불어민주당 반태연 의원의 대표 발의로 입법예고
된 이 법안은 학교에서 성별을 이유로 한 차별과 폭력을 없애고, 교사의 성
인지 감수성 향상을 목적으로 했다. 그러나 입법예고 기간에 의회 홈페이
지에서 이 법안의 조회 수가 1042회에 이르렀고, 수백여 통의 항의 전화가
빗발쳤으며, 팩스와 이메일을 통해 500여 건의 반대 의견서가 제출되는 등
조직적인 반대 활동이 전개되었다.[38]

** 2020년 6월 대구시의회 교육위원회는 더불어민주당 이진련 의원 등 6명의
의원이 발의한 '대구시교육청 성평등 교육환경 조성 및 활성화 조례안'을
찬성 1표, 반대 4표로 부결시켰다.[39] 교육위원회는 "표결에 앞서 조례안 공
고 후 시민의견을 받은 결과, 반대 의견 265건이 접수됐고 찬성 의견은 없
었다"고 밝혔다.

3장

났다.[***] 이들은 성인지 교육 때문에 'n번방' 사건이 터졌고, 한국의 무분별한 성평등 교육이 '탈脫남녀'를 내세우며 성별을 선택하는 미국과 유럽의 전철을 밟고 있다고 주장하며 페미니즘과 젠더 교육을 비난했다. 대구에서는 인권 관련 조례나 민주시민교육 조례가 발의되었을 때도 기독교계를 주축으로 한 세력들이 조직적 반대 활동을 벌여 무산시킨 바 있다.

그런데 조례에서 '성평등'과 '양성평등'을 어떻게 규정하고 있는지 살펴보면, 서울시의 경우 '성평등'을 '성별'에 따른 차별 등을 가리키는 포괄적 용어로 보고 '개인의 성적 권리를 존중'할 것을 명시한다.[****] 이와 비교해 부산시에서는 '양성평등'에 대해서는 명시하지만,[*****]

[***]   대구성평등조례반대시민연대, 반동성애 기독시민연대, 건강한 대구시 만들기 시민연합, 대구·경북CE인권위원회, 대구·경북 다음세대 바로세우기 운동본부라고 밝힌 이들은 "민주당 시의원들이 발의한 교육청 성평등 활성 조례안을 막아야 한다"며 시위와 집회를 개최하고, 시의원들에게 수백여 통의 전화와 문자를 보냈다.[40]

[****] 서울시의 개념 규정에 따르면 "'성평등'이란 성별에 따른 차별, 편견, 비하 및 폭력 없이 인권을 동등하게 보장받고 모든 영역에 동등하게 참여하고 대우받는 것을 말한다"(제2조 1). 또한 "'성평등 교육'이란 개인의 존엄과 인권의 존중을 바탕으로 성차별적 의식과 관행을 해소하고, 성평등과 관련된 지식을 습득하여 성적 권리를 존중하는 태도와 감수성을 배양하며, 성평등을 실천하는 민주시민으로 자라날 수 있도록 하는 모든 교육을 말한다"(제2조 2)라고 제시한다.[41]

[*****] 부산시에 따르면 "'양성평등'이란 「양성평등기본법」 제3조 제1호에 따라 성별에 따른 차별, 편견, 비하 및 폭력 없이 인권을 동등하게 보장받고 모든 영역에 동등하게 참여하고 대우받는 것을 말한다"(제2조의 3).

교육환경에 대해서는 별도의 정의를 제시하지 않는다. 따라서 현행법인 '양성평등기본법'의 정의인 '성별'에 따른 차별 등을 방지하는 데 목적이 있다. 여기서 '성별'이란 전통적인 남녀의 이분법적 규정을 가리키며, 개인의 성적 지향이나 정체성의 권리는 포함되지 않는다.

이러한 차이는 2017년 '제2차 양성평등정책 기본계획' 수립을 위한 공청회를 떠올리게 한다. 당시 여성가족부가 공개한 법안에서 '성평등' 용어가 집중적으로 사용되자, 보수 개신교계와 동성애 반대 단체들이 반발한 사건이다. 그들은 '성평등' 용어가 동성애를 포함한 다양한 성 정체성 간의 평등을 의미한다며 적극 반대했다. 이는 2022년 5월부터 현 정부가 '성평등' 용어를 '양성평등'으로 바꾸고, 교과서에서 '성평등' 개념을 삭제하는 시도들과도 이어진다.

실제로 2022년 12월 교육부는 고등학교 통합사회 교과서에서 '성소수자'와 '성평등'을, 보건 교과에서 '섹슈얼리티'와 '재생산권'을 삭제하겠다고 발표했다. 그 대신 '성평등'은 '성에 대한 편견'으로, '성평등의 의미'는 '성차별의 윤리적 문제'로 표현을 수정하겠다고 했는데, 이는 성평등과 성차별의 문제를 개인의 성향이나 윤리의 문제로 축소시켜 사회와 국가의 책임을 폐기하려는 의도로 해석된다. '재생산권'과 '섹슈얼리티' 용어의 삭제로 학교 성교육이 약화될 수 있다는 우려도 제기되고 있다.

한국 사회에서 안티페미니스트 백래시가 성평등 정책의

실질적인 체계와 이념을 무너뜨리기 시작한 것이다.

4

'젠더 갈등'이라는 말

우리가 직면한 이 상황을 '젠더 갈등'으로 부르는 것이 맞는가 하는 의문이 페미니스트들 사이에서 제기되어 왔다. 그중에는 '젠더 갈등' 표현이 적절하지 않다고 생각하는 사람들도 적지 않다. '갈등'이라는 표현은 힘이 비슷한 집단 사이의 힘겨루기라는 가정을 끌어오게 되며, 일종의 제로섬게임이라는 인상을 줄 수 있기 때문이다. 또 일부 청년 남성들의 주장이 언론과 정치권에 의해 과잉 대표되면서 갈등으로 조장되었다는 설명이나, 계급과 사회 불평등 문제가 젠더 문제로 오해된다는 해석도 있다.[42]

이와 관련해 김보명은 "젠더 갈등은 페미니즘과 그것이 만들어내는 성평등을 위한 실천들과 젠더 질서의 변화에 대한 반발과 공격으로 나타나는 반페미니즘 정서가 부딪히고 상호작용하는 가운데 만들어지는 긴장과 갈등의 과정"[43]이라고 정의하며, 개념의 필요성을 인정한다. "젠더 갈등은 페미니즘이 지배적인 남성성의 정체성과 이해관계에 도전하면서 주류적 젠더 질서에 도전하는" 과정에서 불가피하게 발생하며, 따라서 "그 자체로 문제적이거나 병리적인 현상으로 치부할 것이 아니라, 젠더 질서의 불안정성과 변화 가능성을 보여주는 긍정적 징후로 독해될 수 있다"고 본다.

신경아 또한 오랫동안 누적되어온 성차별과 성별 불평등의 역사를 바로잡기 위한 여성들의 문제제기는 당연하며, 그에 대한 반발로서 갈등 상황은 당분간 불가피하다고 보았다.[44] 강남역 사건 이후 터져 나오는 젠더 이슈들은 성별 불평등의 원인이나 결과로서, 사회적 이슈가 될 수밖에 없기 때문이다. 여성혐오, 미투운동과 성폭력 고발, 'n번방' 사건과 성착취, 불법촬영과 영상물 유포 등의 디지털 성폭력, 채용 성차별, 유리천장, 성별 임금 격차 등은 여성에 대한 폭력과 차별의 심각성을 드러낸다. 동시에 여성 징병제 요구나 여성할당제 폐지 같은 남성들의 주장도 반복적으로 제기되었다. 신경아는 이러한 갈등 상황에 대해, 성차별을 인정하고 시정해가기보다는 '여성우대' 정책이라는 이름 아래 여성을 쉽게 동원하고 질 낮은 정책의 소비자로 만들어온 국가와 정부 정책에 책임이 있다고 해석했다. 따라서 젠더 갈등은 "섣불리 봉합되기보다는 주의 깊은 관찰과 이해가 필요한 사건"이라고 본다.

성차별과 불평등에 대한 시정 요구로서 여성주의 실천에 대한 개인과 집단의 반발을 '젠더 갈등'이라고 한다면, 백래시는 이러한 젠디 갈등이 젠더 정치의 사회적·경제적·문화적 맥락에서 반격으로 조직되고 세력화하는 양상을 가리키는 것으로 정의할 수 있다. 그런데 미국 사회에서 흑인들이 제기한 "흑인의 생명도 소중하다Black lives matter"는 주장을 '인종 갈등'이 아닌 '인종차별 철폐 요구'로 부르듯, 한국 사회에서 '젠더 갈등' 역시 '여성 차별 철폐 요구'로 부르는 게 맞을 것이다. 사실 서구에서도 얼마 전까지는 '흑백 갈등'이라는 말을 썼지만 지금은 이 말이 눈에 띄지 않는다.

이런 맥락에서 보면 우리가 지금 경험하는 현실은 '젠더 갈등'이라고 부르기에는 정치적 함의가 훨씬 더 크고, 국가권력과 직접적으로 연결된 현상이 되어버렸다. 개인들 사이의 젠더 갈등이 정치권력에 의해 정치적 백래시로 확대되면서 국가권력의 통치 도구가 되고 있는 것이다. 그런 의미에서 우리는 지금 '젠더 갈등' 사회에서 '백래시'의 시대로 깊어져가는 위기에 직면해 있다.

청년의 사회경제적 조건과 젠더의식

성별 격차의 추이

정치권의 안티페미니스트 백래시가 뿌리내린 토양은 청년 세대 남녀 사이의 갈등이다. '젠더 갈라치기'로 불리는 이 현상은 과거와 달라진 자신들의 사회경제적 상황에 대한 청년 남성들의 분노, 청년 남성들이 여성들 때문에 피해를 입는다는 주장에서 동력을 얻어왔다. 그렇다면 2030 연령층 남성들의 사회경제적 상황에 어떤 변화가 있는지, 그리고 여성에 비해 얼마나 더 불리한 위치에 있는지 검토해볼 필요가 있다.

〈그림 1〉은 2000~2021년 20~30대 남녀의 고용률 변화 추

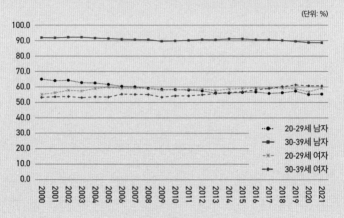

(단위: %)

- ‥●‥ 20-29세 남자
- ─■─ 30-39세 남자
- ─╳─ 20-29세 여자
- ─┼─ 30-39세 여자

• 자료: 통계청 경제활동인구조사(2007.5~2022.5).

세를 보여준다. 노동시장에 들어가 일자리를 얻은 사람들의
비율을 고용률이라고 할 때, 20대 남성은 2000년 66.2퍼센트
에서 2021년 55.1퍼센트로 11.1퍼센트가 떨어졌으나, 20대 여
성은 같은 기간 54.9퍼센트에서 59.6퍼센트로 4.7퍼센트 증가
했다. 30대의 경우 같은 기간 남성의 고용률이 91.8퍼센트에
서 88퍼센트로 3.8퍼센트 떨어진 데 비해, 여성의 고용률은
52.6퍼센트에서 61.3퍼센트로 8.7퍼센트 상승했다. 이러한 변
화를 정리하면, 20~30대 청년층에서 남성의 경우 두 연령층
모두 고용률이 떨어졌으며, 특히 20대 남성의 고용률이 크게
떨어졌다고 할 수 있다. 여성은 20대와 30대에서 모두 증가세

를 나타내며, 30대의 증가세가 더욱 두드러진다. 이러한 추세는 **20여 년 전에 비해 한국 청년 남성들이 일자리를 얻기가 어려워지고 있으며, 20대 남성들은 더 큰 어려움을 겪고 있음**을 보여준다.

그러나 중요한 것은 변화의 방향만이 아니다. 성별 격차를 살펴보면 같은 기간 20대의 경우 11.3퍼센트에서 4.5퍼센트로 줄었고, 특히 여성의 고용률이 남성의 고용률보다 높아졌다. 그러므로 역₩성별 격차라고 할 수 있을 것이다. 이는 군복무와 각종 공무원 시험 준비, 상대적으로 낮아진 남성의 대학 진학률 등이 복합적으로 작용해 나타난 결과로서, 20대 남성들이 느끼는 분노의 원인 중 일부를 설명하는 수치로 볼 수 있다.

그러나 이 또한 **30대에 이르면 완전한 역전 현상이 나타나며, 그 추세 또한 20여 년간 큰 변화가 없다.** 30대 남성의 고용률은 떨어지기는 했지만, 여전히 90퍼센트를 조금 밑도는 수준이다. 이에 비해 30대 여성의 고용률은 간신히 60퍼센트를 넘어선 수준이며, 20대 남녀와 큰 차이가 없다. 이는 무엇을 말하는 걸까? 많은 여성들이 30대에 이르면 결혼·출산·육아 등으로 노동시장을 떠나고, 여전히 '경력단절'에 직면함을 보여주는 증거다. 경제적 독립의 필요성과 취업 욕구의 증가로 점점 더 많은 여성들이 노동시장에 나가고 일을 계속하지만, 한국의 노동시장에서는 30대에 이르면 아직도 성별

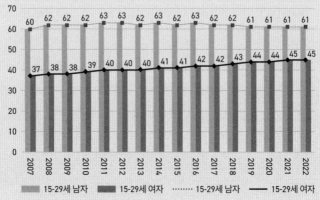

〈그림 2〉 2007~2022년 2030 세대의 성별·연령별 대학 졸업까지 소요 기간

(단위: 개월)

■ 15-29세 남자　■ 15-29세 여자　…… 15-29세 남자　━ 15-29세 여자

• 자료: 통계청 경제활동인구조사(2007.5~2022.5).

격차가 매우 큰 폭으로 지속되는 것이다. 여성과 남성의 생애주기 전반을 고려할 때 구조적 불평등은 여전히 계속되고 있으며, 20대를 제외하면 남성의 상황이 여성에 비해 더 나빠졌다고 할 근거는 전혀 없다.

　좀 더 상세히 살펴보자. 20대 남녀가 대학을 졸업할 때까지 걸린 기간을 보여주는 〈그림 2〉에 따르면, 남성의 경우 60개월에서 61개월로 거의 변화가 없는 데 비해, 여성은 37개월에서 45개월로 크게 늘었다. 그 결과, 같은 시기 대학을 졸업하는 데 소요되는 시간의 성별 격차도 23개월에서 16개월로 줄었다.

〈그림 3〉은 15~29세 남성이 임금노동자로 첫 취업을 하기까지 소요되는 시간을 나타낸다. 2004~2022년에 '3개월 미만'은 52퍼센트에서 45퍼센트로 줄어든 데 비해, '3개월 이상 6개월 미만'은 9퍼센트에서 11퍼센트로, '6개월 이상 1년 미만'은 8퍼센트에서 11퍼센트로, '1년 이상 2년 미만'은 11퍼센트에서 12퍼센트로, '2년 이상 3년 미만'은 6퍼센트에서 8퍼센트로 다소 늘었다. '3년 이상'은 14퍼센트에서 12퍼센트로 줄었다. 이 시기에 남성들이 학교 졸업 후 곧바로 취업한 경우는 줄었고, 전반적으로 구직 기간이 늘어난 것을 알 수 있다.

이와 비교해 여성의 경우 〈그림 4〉에서 '3개월 미만'은 59퍼센트에서 52퍼센트로 감소한 데 비해, '3개월 이상 6개월 미만'은 13퍼센트를 유지하고 있으며, '6개월 이상 1년 미만'은 8퍼센트에서 9퍼센트로, '1년 이상 2년 미만'은 11퍼센트에서 14퍼센트로, '2년 이상 3년 미만'은 4퍼센트에서 6퍼센트, '3년 이상'은 5퍼센트에서 6퍼센트로 늘었다. 전반적으로 남성에 비해 구직 기간이 다소 짧으나, 계속 늘어나고 있음을 볼 수 있다. 구직 기간이 짧은 것도 반드시 좋은 지표라고는 할 수 없는데, 임시직 등 일자리의 질을 따지지 않고 주어진 대로 취업할 경우 구직 기간이 짧기 때문이다. 반대로 공무원 시험 등 일정 기간 시험이나 자격 준비 기간을 거쳐 취업할 경우, 구직 기간은 길어지지만 고용의 질은 훨씬 높아

<그림 3> 2004~2022년 15~29세 남성 임금노동자의 첫 취업까지 소요 기간

(단위: 천 명)

범례: 3개월 미만 | 3개월 이상 6개월 미만 | 6개월 이상 1년 미만 | 1년 이상 2년 미만 | 2년 이상 3년 미만 | 3년 이상

연도	3개월 미만	3개월 이상 6개월 미만	6개월 이상 1년 미만	1년 이상 2년 미만	2년 이상 3년 미만	3년 이상
2004	52% 1,096	12% 200	8% 173	11% 229	6% 119	14% 296
2005	52% 1,032	11% 218	8% 169	9% 229	6% 126	14% 273
2006	47% 900	12% 222	9% 181	10% 184	6% 116	16% 311
2007	51% 978	10% 201	8% 163	10% 201	7% 127	13% 260
2008	47% 906	13% 240	9% 182	10% 201	7% 127	14% 261
2009	47% 852	10% 190	10% 184	12% 219	7% 134	14% 255
2010	46% 797	13% 219	10% 183	10% 180	8% 135	13% 232
2011	46% 791	14% 236	10% 171	10% 198	6% 106	13% 228
2012	48% 812	14% 238	9% 153	10% 171	6% 105	12% 203
2013	46% 755	12% 192	11% 179	10% 169	8% 131	12% 222
2014	48% 763	12% 193	10% 158	10% 161	7% 120	13% 208
2015	45% 751	13% 194	9% 142	11% 181	9% 144	13% 210
2016	46% 792	13% 215	9% 160	10% 176	9% 155	11% 195
2017	45% 813	14% 233	8% 143	12% 219	8% 137	13% 237
2018	47% 876	12% 226	11% 197	11% 201	8% 157	11% 220
2019	48% 925	11% 226	11% 210	10% 199	8% 151	11% 220
2020	47% 876	13% 234	11% 199	11% 202	8% 156	10% 191
2021	45% 837	11% 251	12% 216	13% 184	9% 168	11% 211
2022	45% 858	11% 212	11% 207	12% 231	8% 157	12% 222

• 자료: 통계청 경제활동인구조사(2004.5~2022.5).

<그림 4> 2004~2022년 15~29세 여성 임금노동자의 첫 취업까지 소요 기간

(단위: 천 명)

범례: 3개월 미만 / 3개월 이상 6개월 미만 / 6개월 이상 1년 미만 / 1년 이상 2년 미만 / 2년 이상 3년 미만 / 3년 이상

연도	3개월 미만	3개월 이상 6개월 미만	6개월 이상 1년 미만	1년 이상 2년 미만	2년 이상 3년 미만	3년 이상
2004	59% 1,734	8% 248	13% 367	11%	4%	5% 143
2005	60% 1,673	9% 247	13% 355	10%	4%	5% 136
2006	58% 1,544	9% 243	12% 312	11%	5%	6% 163
2007	58% 1,490	10% 247	11% 290	11%	5%	6% 158
2008	55% 1,409	10% 252	13% 311	12%	4%	6% 145
2009	58% 1,408	9% 219	13% 316	11%	4%	5% 122
2010	58% 1,379	9% 215	14% 323	10%	4%	5% 117
2011	57% 1,292	8% 193	13% 310	9%	4%	6% 138
2012	55% 1,229	9% 207	15% 323	11%	4%	6% 125
2013	55% 1,163	10% 203	13% 286	9%	4%	7% 148
2014	53% 1,125	10% 207	14% 291	12%	4%	6% 130
2015	56% 1,199	9% 199	13% 292	12%	4%	6% 115
2016	55% 1,206	9% 194	12% 284	11%	6% 128	7% 148
2017	54% 1,193	9% 208	13%	11%	6% 122	7% 152
2018	52% 1,135	11% 241	13% 262	12%	6% 125	7% 156
2019	51% 1,090	9% 195	14% 302	13% 278	5% 115	8% 167
2020	51% 1,075	12% 250	14% 279	13% 270	5%	6% 119
2021	50% 1,037	12% 254	15% 305	13% 280	5% 112	5%
2022	52% 1,109	9% 202	13% 275	14% 297	6% 118	6% 136

자료: 통계청 경제활동인구조사(2004.5~2022.5).

진다.

무엇보다도 20대 남녀 모두 지난 20여 년간 졸업 후 첫 일자리를 얻기까지 걸리는 시간이 증가해온 것은 분명하다. 특히 졸업 후 첫 취업까지 평균 소요 기간은, 남성의 경우 13개월 내외에서 큰 변화가 없는 반면, 여성은 7개월에서 9개월로 늘었다(《그림 5》). 평균 소요 기간의 성별 격차가 6개월에서 4개월로 줄었디. 이는 20대의 경우 학교 졸업 후 첫 취업까지 여성과 남성의 구직 유형이 점차 유사해지고 있음을 보여준다.

〈그림 6〉은 15~29세 남성의 첫 일자리의 노동 계약 형태를 표시한 것이다. 2008~2022년에 계속 근무가 가능한 일자리는 61퍼센트에서 54퍼센트로 7퍼센트 감소한 데 비해, 1년 이하 계약직 일자리는 12퍼센트에서 30퍼센트로 18퍼센트 증가했다. 이러한 변화는 10~20대 남성들의 첫 일자리에서 정규직이 줄고, 1년 이하의 계약직이 크게 늘어왔음을 보여준다.

〈그림 7〉에서 15~29세 여성의 첫 일자리 노동 계약 형태를 살펴보면, 계속 근무가 가능한 일자리는 같은 기간 68퍼센트에서 57퍼센트로 11퍼센트 감소한 데 비해, 1년 이하 계약직 일자리는 11퍼센트에서 31퍼센트로 20퍼센트 증가했다. 이러한 변화는 10~20대 여성들의 첫 일자리에서도 정규직이 줄고 1년 이하의 계약직이 크게 늘어왔음을 보여준다.

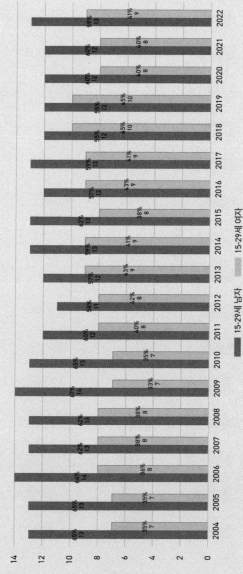

<그림 5> 2004~2022년 15~29세 성별 임금노동자의 첫 취업까지 평균 소요 기간

(단위: 개월)

15-29세 남자　　15-29세 여자

• 자료: 통계청 경제활동인구조사(2004. 5~2022. 5).

(단위: 천 명)

<그림 6> 2008~2022년 15~29세 남성 첫 일자리의 기간별 근로 형태

연도	1년 이하 계약직	계속 근무 가능	1년 초과 계약직	일시적 일자리
2008	21% 485	61% 1,164		12% 223
2009	21% 383	59% 1,072		13% 234
2010	21% 349	57% 997	5%	16% 285
2011	15% 250	61% 1,046	3%	21% 361
2012	13% 221	64% 1,079	3% 43	20% 339
2013	15% 241	60% 977	3% 40	22% 360
2014	14% 228	63% 1,013	2% 37	20% 325
2015	16%	61% 1,000	2%	22% 364
2016	15% 266	57% 985	3% 60	24% 420
2017	15% 278	59% 1,064	4%	22% 393
2018	15% 262	62% 1,153	4%	22% 404
2019	14% 270	55% 1,064	4% 98	27% 511
2020	12% 224	55% 1,018		29% 534
2021	13% 234	53% 989		31% 574
2022	11% 215	54% 1,011		30% 561

범례: ■ 1년 이하 계약직 ▨ 1년 초과 계약직 □ 계속 근무 가능 ■ 일시적 일자리

• 자료: 통계청 경제활동인구조사(2008.5~2022.5).

〈그림 7〉 2008~2022년 15~29세 여성 첫 일자리의 기간별 근로 형태

(단위: 천 명)

	2008	2009	2010	2011	2012	2013	2014	2015	2016	2017	2018	2019	2020	2021	2022
1년 이하 계약직	68% 1,734	65% 1,581	64% 1,536	64% 1,454	65% 1,448	64% 1,357	65% 1,362	64% 1,370	62% 1,350	65% 1,432	63% 1,383	61% 1,301	57% 1,206	55% 1,158	57% 1,216
일시적 일자리	11% 291	13% 309	17% 409	21% 476	21% 463	21% 453	20% 422	20% 432	22% 479	21% 469	22% 473	24% 518	28% 580	29% 615	31% 654

• 자료: 통계청 경제활동인구조사(2008.5~2022.5).

■ 1년 이하 계약직   ▨ 1년 초과 계약직   □ 계속 근무 가능   ■ 일시적 일자리

187

그런데 이 같은 정규직 비중의 감소와 단기 계약직 비중의 증가 추세는 남녀 모두에게서 유사한 양상으로 수렴되고 있다. 2022년 기준 **15~29세 여성과 남성 모두 정규직이 50퍼센트가 넘는 가운데, 30퍼센트 가량은 1년 이하의 단기 계약직으로 일하는 것으로 나타난다.** 이는 그동안 청년 일자리의 증가가 남녀 모두에게서 비정규직을 중심으로 이루어져왔음을 시사한다.

〈그림 8〉과 〈그림 9〉는 2017~2022년 6년간 15~29세 남성과 여성의 첫 일자리 월평균임금의 변화를 보여준다. 남성의 경우 '300만 원 이상'이 3퍼센트에서 5퍼센트, '200만 원 이상 300만 원 미만'이 17퍼센트에서 32퍼센트로, '150만 원 이상 200만 원 미만'이 30퍼센트에서 32퍼센트로 증가했고, '100만 원 이상 150만 원 미만'은 32퍼센트에서 16퍼센트로, '50만 원 이상 100만 원 미만'은 13퍼센트에서 11퍼센트로 감소했다. '200만 원 이상 300만 원 미만'이 가장 많이 늘었고, '300만 원 이상'과 '150만 원 이상 200만 원 미만'은 소폭 늘었음을 알 수 있다.

이에 비해 여성은 '300만 원 이상'은 1퍼센트에서 3퍼센트로, '200만 원 이상 300만 원 미만'은 11퍼센트에서 25퍼센트로, '150만 원 이상 200만 원 미만'은 29퍼센트에서 40퍼센트로 늘었다. '100만 원 이상 150만 원 미만'은 42퍼센트에서 16퍼센트로, '50만 원 이상 100만 원 미만'은 14퍼센트에서

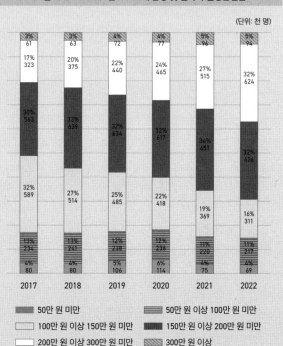

〈그림 8〉 2017~2022년 15~29세 남성 첫 일자리 월평균임금

(단위: 천 명)

	2017	2018	2019	2020	2021	2022
200만 원 이상 300만 원 미만	3% 61	3% 63	4% 72	4% 77	5% 96	5% 94
150만 원 이상 200만 원 미만	17% 323	20% 375	22% 440	24% 465	27% 515	32% 624
100만 원 이상 150만 원 미만	30% 563	33% 639	32% 634	32% 617	34% 651	32% 626
	32% 589	27% 514	25% 485	22% 418	19% 369	16% 311
50만 원 이상 100만 원 미만	13% 234	13% 241	12% 238	12% 236	11% 220	11% 217
50만 원 미만	4% 80	4% 80	5% 106	6% 114	4% 75	4% 69

■ 50만 원 미만   ▦ 50만 원 이상 100만 원 미만
☐ 100만 원 이상 150만 원 미만   ■ 150만 원 이상 200만 원 미만
☐ 200만 원 이상 300만 원 미만   ▨ 300만 원 이상

• 자료: 통계청 경제활동인구조사(2004.5~2022.5).

11퍼센트로 줄었고, '50만 원 미만'은 3퍼센트에서 5퍼센트로 늘었다. '150만 원 이상 200만 원 미만' 임금을 받는 여성 노동자들이 40퍼센트로 크게 증가한 가운데, 200만 원 이상의 임금 계층도 늘어나고 있음을 볼 수 있다.

이러한 변화 추이를 성별로 비교해보면 여성과 남성 모

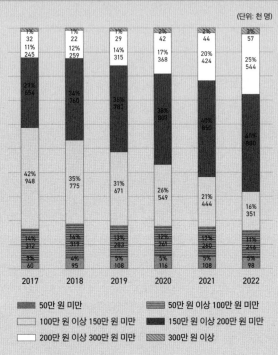

<그림 9> 2017~2022년 15~29세 여성 첫 일자리 월평균임금

(단위: 천 명)

凡例:
■ 50만 원 미만
▦ 50만 원 이상 100만 원 미만
□ 100만 원 이상 150만 원 미만
■ 150만 원 이상 200만 원 미만
□ 200만 원 이상 300만 원 미만
▨ 300만 원 이상

2017: 3%/60, 14%/312, 42%/948, 29%/654, 11%/245, 1%/32
2018: 4%/95, 14%/319, 35%/775, 34%/760, 12%/259, 1%/22
2019: 5%/108, 13%/283, 31%/671, 36%/783, 14%/315, 1%/29
2020: 5%/116, 12%/261, 26%/549, 38%/807, 17%/368, 2%/42
2021: 5%/108, 12%/260, 21%/444, 40%/850, 20%/424, 2%/44
2022: 5%/98, 11%/256, 16%/351, 40%/880, 25%/544, 3%/57

• 자료: 통계청 경제활동인구조사(2004.5~2022.5).

두 임금 수준이 높아졌으나, 남성의 경우 '150만 원 이상 200만원 미만'과 '200만 원 이상 300만 원 미만' 임금 계층에 집중되어 있는 데 비해, 여성은 '150만 원 이상 200만 원 미만' 임금 계층에 40퍼센트가 몰려 있다. **여성의 임금은 최저 임금 주변에 더 몰려 있음**을 알 수 있다.

지난 20여 년간 고용률, 대학 졸업까지 소요 기간, 첫 일자리 취업까지 소요 기간과 임금, 첫 일자리의 고용 안정성에서 진행되어온 변화를 살펴본 결과, **여성과 남성의 격차가 줄어들었고, 고용률에서는 여성이 더 높아지기도 했다. 그러나 이는 20대에 한정된 해석이며, 30대까지 확장해보면 여전히 성별 격차는 큰 폭으로 지속되고 있다.** 한국 사회에서 남성은 군복무와 시험 준비 등으로 구직 준비 기간이 더 길지만, 30대에 이르면 정상적인 고용률을 회복해왔다. 이에 비해 여성은 20대에 한정할 경우 지난 20여 년간 남성과의 격차를 지속적으로 줄여왔고 큰 차이를 보이지 않지만, 고용의 질은 더 불안정해졌고, 임금은 더 낮은 일자리가 확대되어왔다.

무엇보다도 **20대에 축소되더라도 30대에 이르러 다시 확대되는 성별 격차는 너무 커서 정책적 개입 없이는 개선되기 어려운 수준이다.** 이를 확인할 수 있는 자료가 〈그림 10〉과 〈그림 11〉이다. 이 두 그래프는 20~34세 미취업 남녀의 활동을 범주화한 것이다. 남성은 지난 6년간 취업과 관련된 시험 준비로 미취업 상태에 있던 사람이 38~41퍼센트를 차지하며, 특별한 활동 없이 시간을 보낸 사람이 21퍼센트에서 32퍼센트로 늘었다. 이에 비해 〈그림 11〉에서 여성 미취업자의 경우, 육아와 가사로 인한 미취업 상태가 감소 추세(52퍼센트에서 38퍼센트로 감소)이기는 하나 가장 많았다. 취업 관련 시험 준비가 두 번째로 많았는데, 이는 21퍼센트에서 25퍼센트로

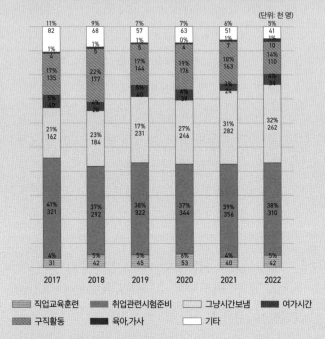

〈그림 10〉 2017~2022년 20~34세 남성 미취업기간 활동별 미취업자

(단위: 천 명)

	2017	2018	2019	2020	2021	2022
기타	11% 82	9% 68	7% 57	7% 63	6% 51	5% 41
여가시간	1% 2	1% 5	1% 5	0% 4	1% 7	1% 10
그냥시간보냄	17% 135	22% 177	17% 144	19% 176	18% 163	14% 110
육아,가사	5% 40	4% 28	5% 40	4% 39	3% 24	4% 34
그냥시간보냄	21% 162	23% 184	17% 231	27% 246	31% 282	32% 262
직업교육훈련	41% 321	37% 292	38% 322	37% 344	39% 356	38% 310
구직활동	4% 31	5% 42	5% 45	6% 53	4% 40	5% 42

직업교육훈련   취업관련시험준비   그냥시간보냄   여가시간
구직활동   육아,가사   기타

• 자료: 통계청 경제활동인구조사(2008.5~2022.5).

늘었다. 그냥 시간을 보냈다는 사람도 10퍼센트에서 17퍼센트로 증가했다.

이러한 결과는 **남녀 모두 별다른 목적 없이 시간을 보낸 사람들이 늘어나는 가운데**(특히 남성의 경우 더 큰 폭으로 증가), 그 원인으로 **남성은 취업 시험 준비 활동이 가장 큰 비중**

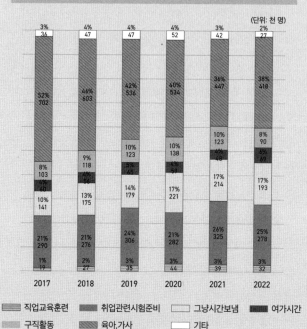

〈그림 11〉 2017~2022년 20~34세 여성 미취업기간 활동별 미취업자

(단위: 천 명)

	2017	2018	2019	2020	2021	2022
육아,가사	3% 36	4% 47	4% 47	4% 52	3% 42	2% 27
	52% 702	46% 603	42% 536	40% 534	36% 447	38% 418
			10% 123	10% 138	10% 123	8% 90
	8% 103	9% 118	5% 65	4% 59	4% 48	6% 69
	4% 60	4% 56				
	10% 141	13% 175	14% 179	17% 221	17% 214	17% 193
	21% 290	21% 276	24% 306	21% 282	26% 325	25% 278
	1% 19	2% 27	3% 35	3% 44	3% 39	3% 32

직업교육훈련   취업관련시험준비   그냥시간보냄   여가시간
구직활동   육아,가사   기타

• 자료: 통계청 경제활동인구조사(2008.5~2022.5).

을 차지하는 데 비해, 여성은 여전히 육아와 가사가 가장 큰 비중을 차지함을 보여준다. '청년기본법'에 정의된 청년의 연령인 19~34세로 한정하면, 30대에 들어 청년층 내부의 성별 격차는 대폭 증가한다는 사실을 알 수 있다. 후기 청년기인 30~34세로 갈수록 남성은 취업 준비를 계속하지만, 여성은 육아와 가사에 전념하는 인구가 여전히 가장 큰 비중을 차지하기 때문이다. 청년층의 고용 상황이 전반적으로 악화되어온 가운데, 30대에 이르면 성별 격차는 더욱 크게 확대되고 있다고 할 수 있다.

이러한 통계 자료들은 젠더 갈등과 관련해 어떤 의미를 담고 있을까? 먼저 20대에 한정해보면, 20대 여성과 남성의 상황은 그 변화의 방향이 다르다. 지난 20여 년간 20대 남성의 취업률은 지속적으로 하락해온 데 비해, 20대 여성의 취업률은 소폭이지만 상승해왔다. 그 결과 2021년에는 여성의 취업률이 남성의 취업률보다 다소 높게 나타났다. 20대 남성들의 취업률 하락이 증명하듯, "청년 취업 시장이 얼어붙었다"는 표현이 낯설지 않을 만큼 지난 20여 년간 청년들의 고용 상황은 악화되어왔는데도 여성들의 취업률이 높아진 것은 어떻게 설명할 수 있을까?

일단 출발점이 낮다는 점을 지적할 수 있다. 2000년 20대 여성들의 고용률은 54.9퍼센트에 불과했다(<그림 1> 참조). 20대의 경우 다수가 결혼이나 출산과 같은 돌봄 책임을 지지 않는 연령임에도 불구하고 여성의 고용률은 남성에 비해 11퍼센트나 낮았던 것이다. 성별 고정관념 때문이든 노동시장의 성차별 때문이든 이는 비정상적인 상태라고 할 수 있다. 따라서 **소폭이지만 지난 20여 년간 20대 여성들의 고용률이 증가한 것은 이런 비정상적인 상태로부터 벗어나려는 노**

력의 결과라고 볼 수 있다.

그렇다면 비정상적인 고용 상태에서 벗어나기 위한 여성들의 노력을 가능하게 했던 요인은 무엇일까? 첫째, 사회경제적 상황에 따른 인식의 변화다. 1990년대 말 한국 사회에 휘몰아친 외환위기와 IMF 구제금융시대는 사회 구성원들의 의식에 많은 변화를 가져왔다. '평생직장', '종신고용' 같은 개념이 사라졌고, 일시적이지만 중산층이 무너지면서 누구도 평생 경제적 안정을 보장받을 수 없다는 생각을 갖게 되었다. 여기에 직장을 잃은 남성들의 경험이 언론에 스토리텔링으로 등장하면서 '남성 생계부양자' 이데올로기, 즉 남성 혼자 가족을 경제적으로 부양한다는 관념이 더 이상 현실화되기 어려워졌다.

이와 함께 '남아 선호'도 점차 약해져갔다. 아들이 자신의 노후를 부양해줄 수 없게 된 사회에서 굳이 아들을 낳아야 한다는 인식을 고집할 이유가 없기 때문이다. 동시에 딸들도 학교를 졸업하면 취업하고 경제력을 가져야 한다는 인식이 확산되었다. 그리고 이러한 딸들에 앞서 외환위기 당시 실직한 남편을 대신해 일자리를 찾아 가족을 부양했던 어머니들이 있었다. 어머니들의 이런 경험은 여성도 자기 일을 하고 경제력이 있어야 한다는 인식이 확산되는 배경이 되었다.

둘째, 외환위기 이후 반복되는 경제적 불안정과 지속되는 고용 불안정 속에서 확산된 개인화 현상을 지적할 수 있다. 영화〈국가부도의 날〉에는 외환위기 당시 부도를 겪은 중소기업 사장이 20여 년 후 입사 면접시험을 앞둔 아들에게 "네 자신 이외에는 아무도 믿지 말라"는 메시지를 전달하는 장면이 있는데, 이는 지난 20여 년간 한국 사회의 풍경이었다. 이전처럼 부모나 가족에게 의지할 수 없고, 사회복지나 국가 정책도 믿을 수 없게 된 상황에서 개인들은 스스로 자신을 책임져야 하는 각자도생의 삶을 살게 되었다. 결혼이나 자녀 출산은 점점 더 멀어져가는 생애 사건이 되고, 연애까지 포기한다는 '3포 세대'를 넘어 포기할 것이 무한 확장되는 'n포 세대'까지 등장했다. 이런 사회에서 여성이라고 해서 누군가에게 의지할 수 없음이 분명해졌다. 여성들 역시 노동시장에 나와 경제적 수입을 얻지 않으면 살아갈 수 없는 시대가 열린 것이다.

셋째, 자신의 생존은 스스로 책임져야 한다는 명제 앞에서 여성들이 좌절하지 않고 도전해갈 수 있었던 데는 페미니즘의 영향도 부인할 수 없다. 20대 여성의 다수가 성평등에 동의하거나 스스로를 페미니스트로 생각한다는 조사 결과들이 이를 알려준다.[45] 가족과 일터, 사회의 모든 영역에서 여성과 남성은 평등한 책임과 권리가 있다는 성평등 의식은, 오늘날 한국의 20대 여성들이 지닌 의식에서 가장 큰 특징이 되었다. 이들이 성평등 의식을 갖기까지는 성장 과정에서 성평등 교육을 받았거나, 페미니즘 관련 독서와 동아리 활동 등의 경험이 미친 영향, 인터넷 커뮤니티 등 여러 요인이 있을 것이다. 특히 2016년 강남역 사건과 온라인-오프라인의 미투운동은 20대 여성들의 집단적 각성을 불러온 계기가 되었다. 여성으로서 안전과 생계 유지를 스스로 추구해야 한다는 인식은 20대 여성들이 지닌 페미니즘 의식의 토대라고 할 수 있다.

그러나 아직까지 노동시장에서 성별 격차는 계속되고 있으며, 성별 불평등은 진행 중이다. 20대에 한정해볼 때 고용률에서는 변화가 있었지만, 임금에서는 격차가 지속되고 있다. 여성이 상대적으로 임금 등 노동 조건이 더 나쁜 곳에 취업하거나, 같은 일터라도 직간접적인 차별을 받기 때문이라고 할 수 있다. 그러나 더욱 중요한 것은 이러한 변화조차 30대에 이르면 찾아보기 어렵다는 점이다. 앞서 본 것처럼 격차는 축소되어왔다고 해도, 30대 연령층의 성별 격차는 여전히 매우 뚜렷하며 전 세대에서 가장 크다. 결혼과 임신, 출산, 양육으로 인한 결과다. 따라서 한국의 노동시장과 노동조직에서 성별에 따른 차별과 결혼·임신·출산·양육에 따른 불이익과 차별은 진행 중이라고 할 수 있다.

그렇다면 20대 남성들의 상황은 어떻게 봐야 할까? 앞서 본 것처럼, 20대 남성들의 상황은 과거에 비해 악화된 것이 사실이다. 취업이 더 어려워졌고, 고용 안정성도 낮아졌다. 그러나 30대에 접어들면 고용률이 회복되며, 같은 연령층 여성들과는 비교할 수 없을 만큼 큰 폭의 격차가 나타난다. 20대 남성들의 분노에 이유가 없는 것은 아니지만, 그 원인이 여성들이 더 우월한 지위를 얻었기 때문은 아님이 분명하다.

이처럼 청년층 모두 정규직 일자리가 줄어들고 취업이 어려워지는 상황에서 여성들에게 분노를 투사하는 것은 '약자 때리기'와 같다. 노동시장 바깥에 있던 여성들이 안으로 들어오면서 일정한 자리를 차지하사 이를 공격하는 것이다. 어차피 그 여성들의 상당수는 30대가 되면 타의든 자의든 노동시장을 떠나고 있는 것이 현실이다. 그러므로 한국의 노동시장에서 여성과 남성은 집단적 수준에서 아직 동등한 경쟁자라고 보기는 어렵다. **외부자였으나 일시적인 경쟁자가 된 집단에 대해 분노를 투사하는 것은 공정한 게임이 아니다. 노동시장은 누구에게나 열려 있어야 하기 때문이다.** 여성에게든 남성에게든.

성평등과 페미니즘 인식

1) 성역할 규범에 대한 인식

청년들의 젠더 인식을 살펴보기 위해 가장 신뢰할 만한 자료로 2020년 한국여성정책연구원 마경희 박사 연구팀의 《청년의 생애과정에 대한 성인지적 분석과 미래 전망 연구》 결과를 살펴보자. 이 조사에 참여한 만 19~34세 청년은 6570명으로, 여성 3135명(47.7퍼센트), 남성 3435명(52.3퍼센트)이다.

조사 결과에 따르면, 먼저 전통적 성역할 규범에 대한 인식에서 남성의 동의 정도가 여성의 동의 정도보다 높다. 전통적 성역할 규범은 두 범주, 즉 전통적 여성성 규범과 전통적 남성성 규범으로 구분할 수 있다. 이는 전통적으로 '여성은 ○○해야 여성답다', '남성은 ○○해야 남성답다'는 관념이다. 이 조사에서는 전통적 여성성 규범을 나타내는 진술로 "자녀 돌봄의 일차적 책임은 아빠보다 엄마에게 있다", "여성은 강하게 보이지 않는 것이 좋다", "군인이나 경찰은 여성에게 부적합하다", "여성은 남성보다 가사나 요리, 다른 사람을 돌보는 일을 더 잘한다", "여성은 남성보다 상담이나 서비스 직종에 더 적합하다"를 제시하고, 이에 대한 동의 정도를 4점 척도로 물었다.

그 결과, 〈그림 12〉처럼 모든 항목에서 남성이 여성보다 높은 수준의 동의를 표했고, 특히 직업의 성별 분리에 대해 가장 높은 동의를 나타냈다. 즉, 여성은 가사와 돌봄·상담·서비스처럼 전통적으로 여성의 일이 되어온 영역에서 더 유능하며, 전통적인 남성의 직업에는 부적합하다는 생각을 더 많이 갖고 있다는 점을 알 수 있다.

전통적 남성성 규범에 대해서도 남성은 여성보다 훨씬 더 높게 동의했다. 〈그림 13〉에서 "남편이 아내보다 돈을 더 많이 벌어야 위신이 선다", "남성은 되도록 약한 모습을 보이지 않아야 한다", "간호사나 보육교사는 남성에게 부적합하다", "남성은 여성보다 조직관리, 리더십 능력이 더 뛰어나다", "남성은 여성보다 일 처리를 합리적으로 한다"는 진술에 대해 남성은 더 높은 동의 정도를 보였다. 이는 그들이 남성은 대체로 강하고 리더십이 있으며 합리적인 존재라는 인식을 지니고 있음을 보여준다.

이러한 결과는 **남성들이 전통적 성역할 규범에서 벗어나는 속도가 상대적으로 느리다는 사실**을 알려준다. 남성들 내부에서도 연령이 낮아질수록 동의 정도가 낮긴 하다. 그러나 전통적 성역할 규범에 대한 동의 정도에서 나타나는 성별 격차의 방향과 크기는, 성역할과 관련된 인식에서 남성은 여성이 변화해온 속도에 비해 훨씬 느리게 변화하고 있음을 보여준다. 남성 의식의 문화적 보수성을 읽을 수 있는 대목이다.

〈그림 12〉 전통적 여성성 규범에 대한 성별 동의 정도

(단위: %)

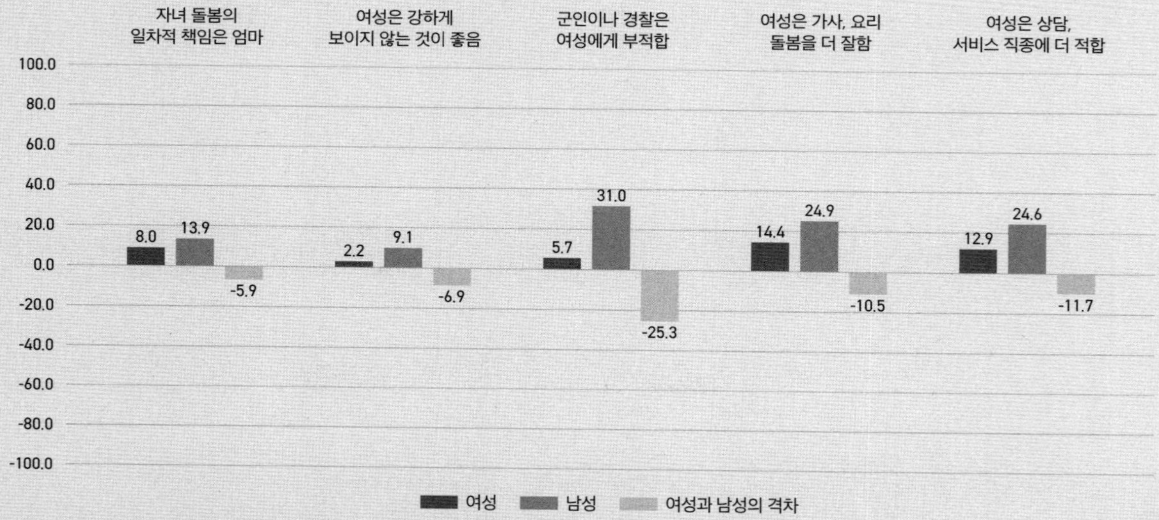

	자녀 돌봄의 일차적 책임은 엄마	여성은 강하게 보이지 않는 것이 좋음	군인이나 경찰은 여성에게 부적합	여성은 가사, 요리 돌봄을 더 잘함	여성은 상담, 서비스 직종에 더 적합
여성	8.0	2.2	5.7	14.4	12.9
남성	13.9	9.1	31.0	24.9	24.6
여성과 남성의 격차	-5.9	-6.9	-25.3	-10.5	-11.7

■ 여성 ■ 남성 ■ 여성과 남성의 격차

• 자료: 마경희 외, 《청년의 생애과정에 대한 성인지적 분석과 미래 전망 연구》, 2020, 214쪽.

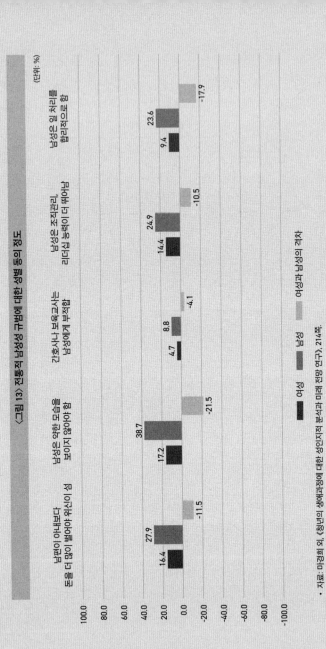

〈그림 13〉 전통적 남성성 규범에 대한 성별 동의 정도

(단위: %)

• 자료: 마경희 외, 《청년의 생애과정에 대한 성인지적 분석과 미래 전망 연구》, 214쪽.

2) 성별 불평등에 대한 인식

한국 사회의 성별 불평등에 대한 인식에서도 성별 차이가 뚜렷했다. 〈그림 14〉를 보면 여성의 경우 응답의 분포는 "여성에게 불평등하다"가 70퍼센트 이상, "남녀 평등하다"가 17~28퍼센트, "남성에게 불평등하다"가 10퍼센트 이하로 나타났다. 이에 비해 남성의 응답은 "남성에게 불평등하다"가 50퍼센트 내외를 차지하고, "남녀 평등하다"가 30퍼센트 내외, "여성에게 불평등하다"가 15~23퍼센트 수준으로 나타났다. 청년 여성 중 약 4분의 3은 한국 사회가 여성에게 불평등하다고 생각하는 데 비해, 청년 남성의 2분의 1은 남성에게 불평등하다고 생각하고 있음을 볼 수 있다.

이런 응답은 연령이 낮아질수록 더 뚜렷해진다. 청년층 안에서도 19~24세 연령층은 남녀 모두 자신들이 더 불평등한 위치에 있다고 느끼는 것이다. 앞서 사회경제적 상황에서 본 것처럼, 이는 노동시장과 가족 등 사회 전반에서 성별 격차가 여전히 지속되는 가운데 남성의 고용 불안정이 심화되어 온 현실과 관련이 있다. 또 군복무로 인한 부담감과도 깊은 관계가 있다고 추측해볼 수 있다.

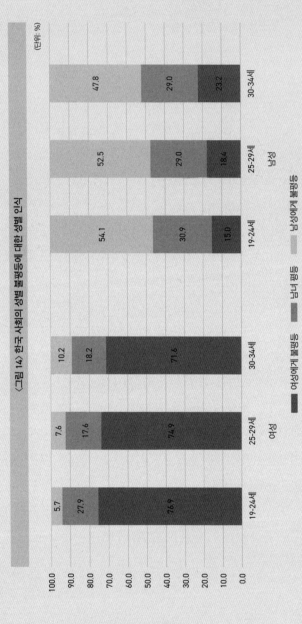

〈그림 14〉 한국 사회의 성별 불평등에 대한 성별 인식

(단위: %)

남성

	19-24세	25-29세	30-34세
남성에게 불평등	54.1	52.5	47.8
남녀 평등	30.9	29.0	29.0
여성에게 불평등	15.0	18.4	23.2

여성

	19-24세	25-29세	30-34세
남성에게 불평등	5.7	7.6	10.2
남녀 평등	27.9	17.6	18.2
여성에게 불평등	76.9	74.9	71.6

■ 여성에게 불평등
■ 남녀 평등
□ 남성에게 불평등

• 자료: 마경희 외, 《청년의 생애과정에 대한 성인지적 분석과 미래 전망 연구》, 270쪽.

3) 페미니즘에 대한 태도

페미니즘에 대한 청년층의 입장에서 여성과 남성은 대조적 양상을 띤다. 〈그림 15〉에서 여성의 경우 51.5퍼센트가 지지, 12.2퍼센트가 반대, 36.3퍼센트가 무관심으로 대답한 데비해, 남성은 51.2퍼센트가 반대, 14.4퍼센트가 지지, 34.4퍼센트가 무관심으로 응답했다. 청년 여성의 절반 이상이 페미니즘을 지지하며, 청년 남성의 절반 이상이 페미니즘에 반대한다. 무관심하다고 응답한 사람들도 여성과 남성 모두 각각 3분의 1을 조금 넘는다. 무관심 응답을 제외하면 여성과 남성의 응답이 거의 서로 정확한 대조를 이루는 분포다.

그렇다면 청년들은 페미니즘을 무엇으로 알고 있을까? 페미니즘에 대한 이들의 지식을 묻기 위해 반어법을 사용한 결과, 즉 페미니즘에 대한 왜곡된 진술을 제시하고 동의 여부를 물은 결과 청년들의 페미니즘 인식은 매우 왜곡되어 있고, 성별 차이가 큰 것으로 나타났다. 〈그림 16〉에서 "우리 사회는 이미 평등해서 페미니즘은 필요 없다"는 진술에 대해여성 13퍼센트, 남성 48.3퍼센트가 동의하고 있으며, "페미니즘은 여성만을 위한 것이다"라는 진술에서는 여성 20.6퍼센트, 남성 62.5퍼센트가 동의했다. "페미니즘은 여성우월주의이다"라는 진술에서는 여성 22.8퍼센트, 남성 66.7퍼센트가동의했고, "페미니즘은 남성을 혐오한다"는 진술에는 여성

〈그림 15〉 페미니즘에 대한 성별 입장

(단위: %)

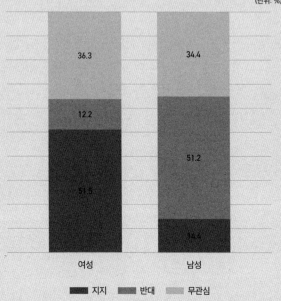

	여성	남성
무관심	36.3	34.4
반대	12.2	51.2
지지	51.5	14.4

■ 지지　■ 반대　■ 무관심

• 자료: 마경희 외, 《청년의 생애과정에 대한 성인지적 분석과 미래 전망 연구》, 254쪽.

30.6퍼센트, 남성 71.2퍼센트가 동의했다.

요컨대 여성은 페미니즘의 필요성에 대한 부정이나 여성 편향, 여성 우월, 남성 혐오와 같은 편견에 동의하는 비율이 매우 낮지만, 남성은 매우 높은 수준의 동의를 표하고 있다. 특히 여성 편향, 여성 우월, 남성 혐오라는 데 동의하는 남성의 비율이 60퍼센트를 넘은 것은 페미니즘이 여성만을 위한

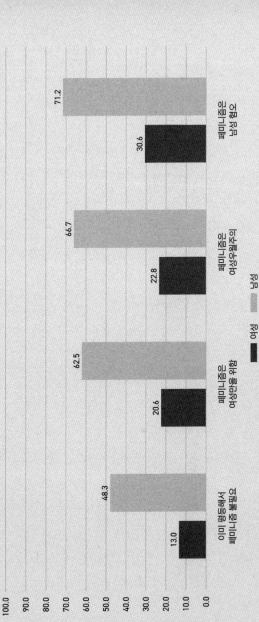

〈그림 16〉 페미니즘을 둘러싼 왜곡된 진술에 대한 성별 동의 정도

(단위: %)

페미니즘은 남성 혐오	페미니즘은 여성우월주의	페미니즘은 여성만을 위함	이미 평등해서 페미니즘이 불필요
71.2	66.7	62.5	48.3
30.6	22.8	20.6	13.0

남성
여성

• 자료: 마경희 외, 《청년의 생애과정에 대한 성인지적 분석과 미래 전망 연구》, 238쪽.

207

것이며, 남성에게 적대적이라는 인식이 청년 남성들 사이에서 넓게 자리 잡아왔음을 보여준다. 또한 청년 남성 내부에서도 연령이 낮아질수록 페미니즘에 대한 부정적 인식이 더 강하게 나타났다.

이러한 조사 결과는 청년층의 페미니즘 인식에서 성별 차이가 나타나는 원인이 무엇인지 시사해준다. 페미니즘이 여성 편향적이고 여성우월주의를 내세우며 남성에 대한 혐오를 조장하는 이념이라고 생각할 때, 페미니즘을 지지하기는 어렵다. 그런데 청년 남성들의 절반 이상이 페미니즘에 대해 이처럼 왜곡된 인식을 지니고 있는 것이다. 그 결과는 페미니즘에 대한 반대이자 반발로 나타난다.

흥미로운 점은 한국 사회에서 안티페미니즘이 얼마나 강력한가에 대한 응답이다. 페미니즘에 대한 입장이 어떻든 남녀 모두 같은 방향의 응답을 하고 있기 때문이다. 〈그림 17〉에서 "우리 사회는 페미니즘에 대한 혐오가 심각하다"는 진술에 대해 여성 83.5퍼센트, 남성 59.4퍼센트가 동의하고 있다. 또한 "우리 사회는 페미니스트에 대한 비난과 공격이 심각하다"는 진술에 대해서도 여성 81.4퍼센트, 남성 50.1퍼센트가 동의를 표했다. 여성들의 80퍼센트 이상이 한국 사회에서 페미니즘에 대한 혐오나 비난, 공격이 심각하다고 우려하는 가운데, 남성 역시 50퍼센트 이상이 같은 생각을 하고 있는 것이다. 이러한 결과는 페미니즘을 지지하든 지지하지 않

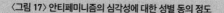

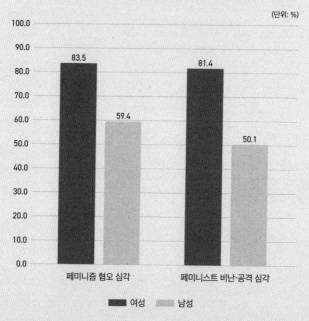

(단위: %)

- 자료: 마경희 외, 《청년의 생애과정에 대한 성인지적 분석과 미래 전망 연구》, 246쪽.

든 한국 사회에서 페미니즘과 페미니스트에 대한 공격이 심 각한 수준임을 청년들이 인식하고 있다는 사실을 보여준다. 따라서 페미니즘에 대한 왜곡된 인식을 바로잡고, 페미니스 트에 대한 비난과 공격을 줄여가기 위한 노력이 매우 시급하 다는 것을 알 수 있다.

4장

민주주의의 위기와
백래시 대응

1

탈민주화와 여성운동

1990년대 이후 전 세계적으로 안티페미니스트 백래시가 확산되어왔지만, 여성운동과 성평등 이념에 대한 반대만 나타났던 것은 아니다. 인종과 국적, 계급·계층, 지역, 종교, 정치적 신념, 성 정체성, 장애 등 여러 요인에 근거한 혐오와 차별, 폭력 역시 전개되어왔다. 인간의 생물학적·사회적 차이를 경계로 한 갈등·대립·공격은 때로 여러 요인들이 중첩되면서 강도가 세지고, 빈도도 증가해왔다.

'백래시'에는 진보적 사회 변화에 대한 반격이라는 뜻이 담겨 있지만, 이런 갈등과 폭력은 민주주의 제도와 문화가 후퇴할 때 더욱 강력해진다. 반대로 백래시가 민주주의의 약화를 초래하기도 한다. 21세기 들어서도 많은 국가에서 특정 지배세력이나 소수 엘리트 집단이 국가권력을 독점하는 현상은 계속 발생해왔고, 사회경제적 불평등도 확대되어왔다. 이러한 정치적·경제적 민주주의의 약화는 사회집단들 사이의 혐오와 차별, 폭력이 자라날 토양을 제공하며, 백래시가 지속되도록 양분을 공급한다.

안티페미니스트 백래시, 즉 여성운동과 페미니즘에 대한 공격은 이 같은 민주주의의 퇴보와 깊은 관계가 있다. 특히 **정치 양극화와 경제 불안이 심각한 사회에서 안티페미니스트 백래시는 더욱 강력한 힘을 갖는다.** 다시 말해 정치적으로 보수와 진보, 우파와 좌파의 세력이 명확히 분리되어 팽팽하게 맞설 때, 그들의 정치적 구호와 전략이 매우 적대적이며 타협을 용인하지 않을 때, 양 진영의 전선에 따라 국민들이 분열되어 대립이 극심할 때 안티페미니스트 백래시는 강렬한 힘을 행사한다. 또 심각한 경제위기를 겪은 직후나, 한 국가 내에서 소득과 자산의 분배가 불평등해 경제적 양극화 현상이 계속될 때, 실업률이 높고 고용이 불안정할 때 안티페미니스트 백래시는 더 많은 사람들을 결집시키고 위협적인 세력이 된다.

미국과 유럽 등 서구 사회의 경우, 2008년 미국발 금융위기에서 비롯된 세계적인 경제위기를 겪은 후 보수주의 정당이 집권하면서 안티페미니스트 백래시가 본격적으로 전개되었다. 긴축재정과 복지 정책 축소, 시장자유주의를 대폭 확대해가는 경제 성장 전략은 국민들의 소득격차 확대로 이어졌고, 경제적 불평등을 심화시켰다. 또한 정치사회적 대립이 극심한 국가에서는 극우세력과 포퓰리즘이 결합해, 극단적인 보수세력과 진보세력이 대립하는 정치의 양극화도 진행되었다. 이러한 정치경제적 양극화 사회에서 페미니즘 비난은 인종주의나 종교적 근본주의, 정치적·문화적 보수주의 등과 결합해 강력한 백래시를 형성했다. 그리고 여기서 시민들을 동원하는 수단으로 포퓰리즘이 활용되었다. 이성적·논리적 사고보다는 단순하고 감정적인 판단에 따라 쉽게 움직이는 대중정치의 저급한 속성을 키우고 이용한 것이다.

미국의 정치사회학자 찰스 틸리Charles Tilly는 이러한 현실에 대해 **민주주의 위기**라는 진단을 내렸다.[1] 《위기의 민주주의Democracy》에서 틸리는 "**민주화는 항상 불완전한 상태로 남아 있으며, 언제나 전복될 수 있는, 탈脫민주화될 위험이 있는 역동적 과정**"이라고 규정한다.[2] 민주주의 사회라고 해도 언제나 민주주의의 역방향으로 나아갈 수 있는 가능성이 내재되어 있으며, 탈민주화와 민주화 경향이 혼재해 있다는 것이다.[*] 틸리는 **탈민주화와 민주화를 판단하는 기준**으로 다음의 네 가지 요소를 제시했다.[4]

- 시민들이 표출한 요구가 얼마나 광범위하게 받아들여져 실행에 옮겨지는가?
- 여러 시민 집단의 요구가 얼마나 동등하게 국가 행위에 반영되는가?
- 요구를 표출하는 행위 그 자체가 국가의 정치적 보호를 얼마나 받을 수 있는가?
- 시민과 국가 양측이 얼마나 충실하게 이 과정에 참여하는가?

이에 따르면 국가와 시민의 정치적 관계가 더 폭넓고 더 평등하며 더 보호받고 더 구속력 있는 상호협의를 이루어갈 수 있을 때 민주화, 즉 민주주의가 발전하고 있다고 할 수 있다. 반대로 **국가와 시민의 정치적 관계가 더 협소**

---

* 틸리는 민주주의를 네 가지 접근, 즉 '입헌적 접근', '실질적 접근', '절차적 접근', '과정 지향의 접근'으로 정의한다.[3] '입헌적 접근'이란 특정 정치체제가 시행하는 법과 제도에 초점을 둔다. 과두제·군주제·공화정과 같은 분류나 입헌군주제·대통령제·내각제 등의 구분이 이에 속한다. '실질적 접근'은 특정 정치제제가 조성하는 삶과 정치의 조건에 초점을 맞춘다. 정치체제가 개인의 자유와 안전, 사회적 평등과 형평성, 공공의 복지 등에 기여하는 정도를 가리킨다. '절차적 접근'은 경쟁적인 다당제, 보편적 성인 선거권, 비밀투표, 보편적인 정치 캠페인에 의한 자유롭고 평등한 선거에 초점을 맞춘다. '과정 지향적 접근'이란 일정한 상황에서 지속적으로 작동해야 하는 최소한의 민주적 과정을 규정한다. 이와 관련해 정치학자 로버트 달(Robert Alan Dahl)은 다섯 가지 기준을 제시했는데, 효과적인 참여, 투표의 평등성, 계몽된 이해의 획득, 의제에 대한 최종적 통제의 실행, 모든 성인의 포함이다.

하고 더 불평등하며 덜 보호받고 구속력이 약한 상호협의로 변해갈 때 탈민주화가 진행 중이라고 할 수 있다.

틸리의 정의를 여성운동과 국가의 관계에 대입해보면, 다음과 같은 질문을 제기할 수 있다.

- 여성들의 요구가 얼마나 광범위하게 받아들여지고 국가 정책으로 편성되는가?
- 그 수준이 다른 사회집단의 요구가 받아들여지고 정책으로 편성되는 정도와 비교해 동등한가?
- 여성운동은 정치적으로 자유롭고 안전하게 자신의 요구를 표현할 수 있는가?
- 여성운동과 국가는 성평등 가치 실현을 위한 협의 과정에 얼마나 충실히 참여하는가?

이러한 네 가지 질문은 '성평등 민주주의'를 실현하기 위한 사회적 실천과 국가의 관계는 물론, 성평등에 반대하는 정치세력이 국가에 대해 얼만큼 영향력을 지녔는지 평가하는 기준이 될 수 있다. 즉, 성평등 민주화뿐 아니라 탈성평등 민주화의 수준을 판단할 수 있는 기준이다. 이에 따르면 여성들의 요구가 광범위하게 받아들여지고, 다른 사회집단의 요구와 동등하게 국가의 정책 결정 과정에 반영되며, 여성운동이 정치적 자유와 안전을 보장받고, 국가가 여성운동과 성실한 협력관계를 구축해 갈 때 성평등 민주화가 진행되고 있다고 할 수 있다. 반대로 여성들의 요구가 묵살되고, 다른 사회집단에 비해 국가의 정책 결정 과정에서 차별받거나 배제되며, 여성운동이 정치적 자유와 안전을 보장받지 못하고, 국가가 여성운동과의 소통을 거부할 때 탈성평등 민주화가 진행되고 있다고 할 수 있다.

한국 사회의 경우 **윤석열 정부가 취하고 있는 여성가족부 폐지 정책은 틸리가 제시한 탈민주화 공식의 전형적인 사례로** 볼 수 있다. 정치권력은 여성들의 요구를 수렴하는 국가 기구를 해체함으로써 국가 정책에서 여성들의 목소리를 배제하는 동시에, 여성혐오 세력의 요구를 정책 결정 과정에 반영함으로써 정치적 세력화를 꾀해왔다. 이에 따라 자유롭고 안전하게 자신의 요구를 표현할 수 있는 여성운동과 페미니스트의 공간이 크게 줄어들었고, 국가는 젠더 거버넌스gender governance라는 여성운동과의 협력관계를 해체해왔다. 탈성평등 민주화의 길을 걷고 있는 것이다.

2

민주주의의 퇴보

민주주의에 대한 반작용을 가리키는 정책 용어로 **백슬라이딩**backsliding이 있다. '뒤로 미끄러지다', '후진後進', '퇴보退步'를 뜻하는 말로, 유럽의 탈민주화 상황을 설명할 때 주로 쓰인다. 백래시가 민주주의의 성취에 대한 포괄적 반격이라면, 백슬라이딩은 현행 민주주의 제도 중 일부를 무력화하거나 제거하는 국가 주도의 움직임을 가리킨다.[5] 전자가 최근의 민주적 변화에 대한 반작용이며 좀 더 강력한 것이라면, 후자는 한 방에 무너지기보다는 조금씩 쇠퇴하는 것으로 기존 제도의 탈민주화를 뜻한다. 그러나 대체로 큰 차이가 있다고 보기 어렵고, 학자에 따라서 혼용해 쓰기도 한다. 유엔은 전 세계적인 안티페미니즘과 성평등에 대한 정치적 반격을 논의하면서 백슬라이딩 개념도 사용하고 있다.

백슬라이딩 개념을 정의한 학자 중 낸시 베르메오 Nancy Bermeo는 민주주의의 퇴보(백슬라이딩)democratic backsliding가 시대에 따라 달라져왔다고 본다. 과거에는 공공연한 쿠데타나 행정부의 권력 장악executive coups, 또는 선거에서의 부정 투표로 나타났지만, 21세기에는 쿠데타 위협promissory coups, 행정부의 비대화executive aggrandizement, 또는 선거에서 전략적 괴롭힘과 조작strategic harrassment and manipulation이 주요한 양상으로 나타난다.* 과거에는 군부나 행정부의 직접적인 쿠데타나 선거 조작과 부정 투표 등이 민주주의를 후퇴시키는 주요 기제였다면, 현재는 좀 더 완곡한 형태의 권력 강화와 조작으로 순화되고 있다는 것이다.

특히 선거에서 일어나는 전략적인 괴롭힘과 조작은 미디어 또는 정부 예산을 자기 정당에 유리하게 사용하거나, 반대 정당과 그 지지자들의 선거 참여를 저지하고 괴롭히려는 전략으로, 현대사회의 선거에서 가장 자주 등장하는 백슬라이딩 형태다.

---

* 옥스퍼드 영어사전에 따르면, 백슬라이딩은 1554년 스코틀랜드 신학자 존 녹스(John Knox)가 처음 사용했다고 한다. 이후 종교적 악습으로의 퇴행을 의미하는 용어로 사용되었으며, 현대 민주주의와 관련해서는 탈민주화의 의미로 사용된다.[6]

과거의 전략, 즉 선거 당일에 시도하는 투표 조작은 불법이 되었지만, 전략적 괴롭힘과 조작은 오늘날 선거 과정 내내 지속된다. 오늘날의 방식에는 명백한 위법 행위가 포함되지 않는 경우가 많다.

한국의 20대 대통령 선거에서 국민의힘이 사용한 안티페미니스트 전략이 여기에 속한다고 할 수 있다. 타당한 근거 없이 '여성가족부 폐지'를 공약으로 내세움으로써 여성과 남성을 갈라치기해, 남성들을 결집시키고 여성들을 위축시키는 효과를 노린 전략이다. 그러나 청년 여성들이 위축되기는커녕 더불어민주당에 높은 지지를 보낸 결과가 보여주듯, 이 전략은 성공한 것으로 보기 어렵다. 그럼에도 윤석열 정부에서 계속되는 '여성가족부 폐지' 전략은 **국가에 의한 공적 괴롭힘**public harrassment**으로서 백슬라이딩의 중요한 수단**이 되고 있다.

베르메오에 따르면 민주주의의 퇴보와 맞서 싸우는 사람들은 퇴보를 추동하는 국가 행위자들뿐 아니라, 그들이 동원한 지지자들에도 대응해야 한다.[7] 그러나 지지자들의 의식과 행위를 변화시키는 것은 매우 어려우며, 잘해야 장기적인 프로젝트라고 보았다. 이는 민주화 과정에서 역행 세력에 대한 인식과 대응 전략이 중요함을 알려준다.

3

백슬라이딩 사회의 여성운동

1) 젠더와 섹슈얼리티의 정치화

네덜란드 여성학자 미케 베를루Mieke Verloo는 유럽에서도 페미니스트와 성 정치에 대한 반대가 가시화되고 있으며, 이는 이중적 요인의 영향이라고 보았다.[8] 첫째, **정치의 양극화 현상**이다. 유럽 각국에서 좌우파 정당과 정치세력이 세력을 확대해가는 가운데 정치적 갈등이 증폭되어왔다. 둘째, **젠더와 섹슈얼리티의 정치화 현상**이다. 과거에는 개인의 사생활이자 사적 영역에 속하는 문제라고 여겨졌던 성별 정체성gender identity과 섹슈얼리티sexuality가 21세기 사회에서 사회적 논쟁거리가 되고, 특히 정치적 이념과 연계되면서 정치적 이슈가 되어온 것이다. 성별 정체성이나 섹슈얼리티 문제에서 개인의 자유와 자기 결정권을 인정하는 입장은 대개 정치적 진보세력과 함께 가는 반면, 종교적인 관행과 규범적 통제를 고수하는 입장은 정치적 보수주의로 귀결되었다.

이처럼 21세기 유럽은 정치적 좌우 대립이 심화되고, 젠더와 섹슈얼리티의 자기결정권이 사회적 이슈가 되면서, 보수정당의 집권 시기에 백슬라이딩과 더불어 여성운동에 대한 공격이 드세졌다. 이 과정에서 성평등 정책에 대한 반대나 성소수자 집단에 대한 혐오가 정치적 이슈로 점화되었고, 권력을 차지하기 위한 보수정당의 전략에서 중요한 수단이 되어왔다. 그 결과, 베를루는 유럽에서 극우 포퓰리즘이 득세하고, 보수주의 종교집단과 연계된 본질주의적 젠더 이데올로기가 미디어를 통해 확산되어왔다고 지적한다.[9] 본질주의 젠더 이데올로기란 젠더, 즉 성별은 생물학적으로 결정되며, 이를 토대로 남성다움/여성다움의 사회적 규범과 성역할이 부여되는 것은 자연스럽고 변하지 않는 인간 사회의 보편적 법칙이라는 관념이다.

또한 극우 정치세력이 포퓰리즘, 즉 대중 선동 목적의 단순화된 메시지를 활용하면서 권위주의나 반反다원주의적 시각들이 사회 곳곳에 스며들고, 지적 성찰이나 토론보다 확증성을, 숙고deliberation보다 갈등을 우선시하는 경향이 확대되었다. 이런 극우 포퓰리스트 정당들은 미디어 포퓰리즘, 즉 미디어 메시지에서 대중 영합적 스타일과 이데올로기적 요소를 적극적으로 활용해왔다. 이는 내집단에 대한 선호favoritism, 엘리트와 대의민주주의에 대한 적대와 부정, 카리스마와 자기 집단 내 상식에 대한 의존, 도덕 감정에 대한 호소 등을 특징으로 한다. 베를루의 해석에 따르면 극우 포퓰리스트 정당은 보수주의 종교집단과 연계해, 남녀의 생물학적 차이와 가부장적 규범을 자연적이고 고정된 것으로 보는 본질주의적 젠더 개념을 유포해왔다.

한국 사회에서도 정치적 양극화는 나날이 더 심각해지고 있다. 분단과 반공 이데올로기 등 역사적 요인 때문에 정치적 보수주의를 표방하는 정당과 종교집단, 사회조직의 영향력이 매우 강하다. 아울러 유교 규범에 기반을 둔 전통적 성역할 관념도 적지 않은 영향력을 지니고 있다. 따라서 젠더 정체성과 섹슈얼리티의 자기결정권은 여전히 문화적 보수주의의 제도적 틀 속에 갇혀 법적 권리로 인정받지 못한다. 2022년 12월 현재 성별, 인종, 종교, 장애, 성 정체성, 성적 지향, 사상, 정치적 의견 등을 이유로 정치적·경제적·사회적·문화적 영역에서 합리적 근거 없이 차별과 혐오를 표현하지 못하도록 금지하는

'차별금지법'이 국회에 발의되어 있으나, 통과되지 않고 있는 것이 대표적이다.

2) 성평등 민주주의의 후퇴

코니 로게반드와 안드레아 크리잔은 백슬라이딩, 즉 민주주의의 퇴보 현상을 젠더 관점에서 해석했다. 백슬라이딩 레짐(통치체제)에서 국가는 가부장적 가족 모델과 이성애 규범을 강화하고, 여성의 재생산권을 축소시키며, 성적 자율성과 성소수자의 권리에 강하게 반대한다. 이런 국가에서 여성들은 출산자이자 양육자의 역할로 회귀된다. 또한 백슬라이딩은 민주주의의 질, 즉 정부 내 민주적 거버넌스의 질을 저하시키며, 시민사회와 정부의 협력을 위한 공간을 축소시키는데,[10] 이는 여성에게 더 부정적인 결과를 초래할 수 있다.

먼저 로게반드와 크리잔은 젠더 관점에서 백슬라이딩을 네 가지 차원, 즉 ①젠더 정책 목표의 담론적 탈정당화, ②기존 정책의 해체와 프레임 변경, ③실행기제의 약화, ④여성운동과의 파트너십 해체로 구분했다.[11]

첫 번째인 젠더 정책 목표의 담론적 탈정당화는 여성정책의 필요성을 부정하고, 정부 정책의 기조에서 성평등 관점을 삭제하는 것이다. 앞서 살펴보았듯, 더 이상 여성정책이나 성차별 시정 조치가 필요하지 않을 만큼 여성의 지위는 높아졌으며, 오히려 남성이 역차별을 받는다는 주장들이 여기에 해당된다. 두 번째로, **이에 따라 성평등 정책이 정부 정책에서 사라지고, 젠더관계를 규율하는 정책의 프레임이 바뀐다.** 성평등 정책 대신 인구정책이나 가족정책이 정책의 목표이자 틀framework로 설정되고, 출산 장려나 결혼 장려, 엄격한 이성애 가족 규범이 정책의 목표로 제시된다. 세 번째로, **성평등 정책을 추진해온 국가기구와 예산, 인력 등이 삭감된다.** 여성정책이나 성평등 정책의 추진을 목표로 하는 정부 부서가 해체되고, 예산이나 인력이 박탈된다. 네 번째로, **젠더 거버넌스의 가치가 부정되면서 정부와 여성운동 조직 사이의 소통과 협력체계가 붕괴되고, 둘의 소통과 협력을 반대하는 목소리가 확장된다.**

성평등 관련 법·정책을 직접적으로 폐지하기보다는, 실행기제를 무력화하고 거버넌스를 해체하는 방식으로 진행되는 이러한 변화의 특징은 다음과 같다.[12] 먼저 지금까지 성평등 정책에 할당되어온 예산이 취소 또는 삭감되고, 달라진 목적, 즉 전통적인 가족 가치나 인구의 지속성을 위해 편성된 사업으로 프레임이 이전된다. 또 국가와 여성운동의 관계가 단절되면서 관료 중심의 정책 결정이 이루어지고, 민주적인 의사결정 과정은 사라지거나 형식적으로만 남게 된다. 그 결과 성평등 가치의 실현을 위한 법과 제도들은 사문화dead letters되고, **껍데기뿐인 민주주의**facade democracy(파사드 민주주의)로 이행한다.[13]

2022년 12월 현재 한국에서 여성가족부는 존속하고 있지만, 윤석열 정부는 폐지를 예고하고 있다. 여가부가 폐지되려면 국회에서 정부조직법 개정안이 통과되어야 하는데, 야당이 다수를 차지한 현 국회에서는 폐지안이 쉽게 통과되기 어려울 것으로 보인다. 하지만 성평등 정책의 후퇴는 이미 진행되고 있다고 봐야 한다. 여성가족부의 성평등 정책 사업이 중단되거나 예산이 삭감되는 일을 충분히 예상할 수 있기 때문이다. 또한 그동안의 젠더 거버넌스는 작동을 거의 멈추었으며, 오히려 여성혐오 발언을 지속해온 일부 청년단체가 정부 조직에 참여하고 있다. 이는 로게반드와 크리잔이 말한 성평등 민주주의의 후퇴가 전반적으로 진행되는 것으로 볼 수 있다. 아울러 민주주의 전반의 약화, 즉 파사드 민주주의로의 이행을 예고하고 있다.

4

여성운동의 새로운 모델

성평등 민주주의가 퇴보하는 백슬라이딩 사회에서 여성운동은 어떻게 달라지고 있는가? 크리잔과 로게반드는 성평등에 적대적인 사회에서 여성운동이 저항·생존하는 방식은 세 가지로 나타난다고 지적했다.[14] 첫째, 제도 중심의 운동에서 풀뿌리 운동으로 전환한다. 둘째, 다양한 시민사회세력들과 새로운 유형의 연대를 구축한다. 셋째, 정치적 액티비즘에서 후퇴해 대학 같은 아카데미 페미니즘이나 소그룹 활동으로 축소된다.

다시 말해, 민주주의 제도와 관행이 축소되고 국가가 젠더 거버넌스를 철회하는 상황에서 여성운동은 국가 제도와 정책의 결정 과정에 직접적으로 참여하기보다 지역

사회의 풀뿌리 민주주의와 생활정치로 무게중심을 이동해간다(첫 번째). 또 광범위한 민주적 가치 실현을 목표로 활동하는 다양한 시민사회 조직들과의 연대를 강화함으로써 고립되지 않고 성평등 운동의 기반을 확대해나간다(두 번째). 그러나 탈민주화 경향이 극심하고 성평등 운동에 대한 공격이 극단화된 사회에서는 일시적으로 직접적인 정치적 대응을 멈추고, 학교나 지역사회의 일상적 소그룹 활동으로 축소되기도 한다(세 번째).

첫 번째와 두 번째의 경우, 정치세력으로서 여성운동의 영향력이 일시적으로 감소하겠지만, 조직과 기반을 강화한다는 점에서 적절한 전략이 될 것이다. 그러나 세 번째 방향은 장기적으로 여성운동의 쇠퇴를 초래할 위험을 내포한다. 그만큼 민주주의가 후퇴하는 상황에서 여성운동의 대응 전략이 중요하다는 사실을 알 수 있다.

그렇다면 백슬라이딩에 대응하기 위해 여성운동은 어떻게 달라져야 할까? 이 질문에 대해 로게반드와 크리잔이 유엔여성기구에 제출한 보고서는 국가와 여성운동, 반反젠더 집단을 포함한 삼각 모델을 제시한다.[15] 이들은 과거의 양자 모델, 즉 국가와 여성운동의 양자 관계를 중심으로 한 운동 모델을 수정하고, **국가가 여성운동과 반여성·반성평등 운동 모두와 관계 맺는 삼각의 젠더 세력관계**gender power triangles**를 전제해야 한다고** 보았다. 여성운동에 대한 반격,

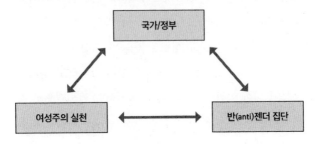

여성운동-반여성운동-국가의 삼각 모델

국가/정부

여성주의 실천 ⟷ 반(anti)젠더 집단

즉 안티페미니스트 공격을 일시적인 주장이나 비정상적 요구로 보기보다는 여성운동의 실천 과정에서 지속적으로 출현하는 반사회적 운동으로 보아야 한다는 것이다. 여기에는 반여성·반성평등 운동을 상수常數로 두고 운동의 전략을 수립해갈 때, 효과적 대응이 가능하다는 판단이 깔려 있다. '여성운동-반여성운동-국가의 삼각 모델'[16]은 이러한 세 개의 축을 결합해 대응 전략의 틀을 구성한 삼자적 관계 모델a triadic model이다.

삼각 모델의 작동 방식을 자세히 살펴보면,[17] 첫 번째로 국가는 여성운동과 반여성운동에 대해 하향식top-down으로 움직인다. 이는 세 가지 활동으로 이루어지는데, 정책 결정 과정에의 통합 또는 배제, 국가 재정 지원, 국가 기구들을 통한 요구 표출이다. 즉, 국가는 여성운동 세력

여성운동-반여성운동-국가의 삼각 모델이 작동하는 방식		
하향식 (운동들에 대한 국가의 움직임)	상향식 (국가에 대한 운동들의 움직임)	여성운동-반여성운동 상호작용
1 정책 과정에의 통합·배제	역량 (비용 조달, 조직적 능력, 네트워크, 인프라)	관계의 성격 (직접적 vs. 국가 매개)
2 국가 재정 지원	참여 전략 (풀뿌리 vs. 제도화 vs. 순응)	전략에 대한 영향 (급진화 vs. 내부 토론에 그침)
3 국가기구들을 통한 요구 표출	연합 구축 (여러 운동과 연대)	요구/프레이밍에 대한 영향 (요구의 성별화 vs. 전략적 프레이밍)

이나 반여성운동 집단들을 정책 결정 과정에 포함시키거
나 배제하고, 예산을 책정하거나 삭감하며, 실행기구들
에 대한 관리·감독을 통해 성평등 정책을 주도해나간다.

두 번째로 여성운동과 반여성운동은 상향식bottom-up
으로 국가와 관계 맺으며 참여한다. 여기서도 세 가지 활
동이 전개되는데, 먼저 운동의 역량capacities으로서 비용
조달, 조직적 능력, 네트워크, 인프라가 중요하다. 이와
더불어 참여 전략으로서 풀뿌리 운동과 제도적 실천, 운
동의 중단(순응)이 있다. 마지막으로 연합의 구축으로서
여러 운동들과 연대하는 것이다.

세 번째로 여성운동과 반여성운동의 상호작용이다.

여성운동과 반여성운동은 직접적으로 부딪히기도 하지만, 국가 정책이나 제도, 국가기구 등의 작용에 의해 간접적으로 관계를 맺기도 한다. 또 두 세력이 서로에게 끼치는 영향은 직접적으로는 운동의 급진화radicalization로 나아가거나, 상대방의 외적 압력을 둘러싼 내부 논쟁에 그칠 수도 있다. 그리고 이 두 세력이 대립한 결과 여성운동의 요구가 더욱 성별화되거나, 반여성운동의 요구가 더 성차별적이 되기도 하지만, 성별화의 수준을 약화시키는 전략적 프레이밍으로 나아갈 수도 있다.

따라서 탈민주화 사회의 페미니스트들은 **더 깊은 민주주의**deep democracy가 필요하다고 주장한다.[18] 더 깊은 민주주의란 사회적 약자와 소수자, 주변인들의 목소리를 배제하지 않는 민주주의를 뜻한다. 더 깊은 민주주의는 민주적인 의사결정을 위해 정부의 역량을 필요로 한다.[19] 그리고 이를 위해서는 절차적인 기준이 매우 중요하다.

한 사회에서 민주주의의 질은 절차적·반응적·실질적 차원에서 평가될 수 있다.[20] '절차적 차원'이란 법적 규칙과 책무성(야당, 사법부, 미디어, 사회단체 등에 의한 정부 통제)을 뜻하며, '반응적(수용적) 차원'이란 다양한 시민과 집단의 요구에 적극적으로 대응하려는 노력을 가리킨다. '실질적 차원'이란 시민권과 정치적 권리, 사회권에서 실질적 평등을 이룩하는 것이다. 즉, 성평등 가치의 실현을 위한 더 깊은 민주주의 전략은 법과 제도, 관련된 공적·사적 조직들에 대한 정부의 리더십과 노력, 여성과 성평등 운동 요구에 대한 국가기구의 민감성, 정치적·경제적·사회적 차원에서 성평등과 시민권의 평등한 보장을 위한 국가의 실천을 구성요소로 포함한다.

베를루는 민주주의와 성평등은 상호의존적이라고 보았다. 따라서 **"민주주의가 발전할수록 성평등을 위한 기회가 더 늘어나며, 성평등이 확대될수록 민주주의의 기회도 늘어난다**The more democracy, the more chances for gender equality; the more gender equality there is, the more chances for democracy**"**고 말했다.[21] 여성과 소수자, 사회적 약자를 국가의 의사결정 과정에 적극적으로 끌어들이고 그들의 목소리를 드러내도록 하는 더 깊은 민주주의는, 성평등 수준을 높일 뿐 아니라 민주주의의 기회를 확장하고 질을 개선하는 효과를 가져올 것이다.

5

페미니스트 프로젝트의
위기와 도전

미케 베를루는 유럽 각국과 유럽연합을 중심으로 한 성평등 정책의 전개에 관한 연구에서 '성평등' 개념은 빈 기표an empty signifier라고 보았다.[22] 이는 성평등의 정의와 의미에 관한 질문은 국가와 시대마다 그 대답이 달라질 수 있다는 뜻이다.

유럽의 경우 성평등과 관련된 주요 이슈는 나라마다 다르다. 예를 들면 오스트리아와 슬로베니아에서는 성매매, 네덜란드나 그리스에서는 이주, 스페인에서는 동성애자의 권리, 헝가리에서는 반反차별의 제도화 등이 문제가 되는 식이다. 이처럼 성평등 개념의 내용과 주요 이슈가 달라지는 것은 각 사회의 젠더관계와 성별 불평등의 역사가 다르고, 여성운동의 전략과 단계도 다르기 때문이다.

한 사회 안에서 성평등에 대한 여성들의 생각 또한 다양하게 나타난다. 인종, 민족, 계급, 계층, 연령, 세대, 성적 지향, 장애 등 여러 사회적 요인에 의해 여성들의 경험은 달라지기 때문이다. 따라서 여성 경험의 다원성과 여성들 사이에 존재하는 다중적 차이들, 그리고 여성들 사이의 불평등이 교차하는 프레임 속에서 성평등을 입체적으로 살펴보아야 한다. 이런 맥락에서 베를루는 여성에 대한 무조건적인 동질화를 젠더본질주의로 보고 비판했다.

그러므로 **성평등 이슈는 그 자체로 정치성을 띤다.** 베를루는 성평등 이슈와 정책이 단순히 정부 기술관료의 전문성에 의해 결정되어서는 안 된다고 보았다.[23] 성평등 이슈는 그 자체로 정치적 갈등과 경합을 포함하며, 이런 과정이 생략된 채 기술적 절차에만 의존해 정책이 결정될 경우 여성들의 요구나 현실과 동떨어진 것이 되기 쉽다. 또 **성평등 이슈와 정책을 결정하는 과정에 페미니스트들의 목소리가 포함되지 않을 때, 성평등 정책은 젠더관계의 불평등성에 대한 문제의식을 상실하고 복지 정책에 그침으로써 여성을 수동적 대상으로 주변화할 수 있다.** 따라서 베를루는 페모크라트(페미니스트 관료), 여성운동, 여성주의 연구자의 협력에 기반을 둔 정책 결정을 강조했으며, 이러한 협력체계를 '벨벳 트라이앵글velvet triangle'이라고 불렀다.

따라서 **성평등 정치는 여성운동이 존재할 때만 가능하다.** 베를루는 "기존의 헤게모니는 서발턴subaltern(하위운동) 또는 헤게모니에 반대하는 대중운동counter-public을 위한 공간이 있을 때만 도전받을 수 있다"는 프레이저의 말을 빌려, 성차별주의에 반대하는 여성운동의 중요성과 이를 위한 정치사회적 공간의 필요성을 강조했다.[24] 여성운동 없는 성평등 정치, 국가 차원에서 이루어지는 젠더 불평등에 대한 도전은 불가능하며, 여성운동 없는 성평등 정책은 공허한 것이 될 뿐이다.

성평등 운동과 정치에 필요한 또 다른 요소는 **젠더 렌즈를 장착한 감응적 질문들**sensitizing questions이다. 감응적 질문이란 어떤 문제를 발견하기 위해 민감하게 던지는 질문을 말한다. 무엇이 문제인지뿐만 아니라, **무엇이 문제로 제기되지 않았는지**를 동시에 고려하는 질문이다. 이런 질문 방식은 정치와 정책 담론에서 중요하지만 이슈화되지 않는, 부재하는 것들을 찾아 확인하려는 목적을 지닌다. 그리고 왜 그것이 문제로 설정되지 않았는지에 초점을 맞춘다.

이는 사회적 담론의 형성에서 배제의 과정을 드러내고 가시성을 부여하려는 노력이다.[25] 전 세계적으로 일어났던 미투운동이 그 전형적인 예가 될 수 있다. 성폭력 사건이 지속적으로 발생해왔는데도 그 피해를 말하고 드러내지 못했던 이유를 찾고, 피해 경험에 대해 말하며 듣는 데 집중하려는 실천이다. 위계적인 젠더관계 속에서 피해를 드러내지 못했던 여성들이 성폭력 피해를 말하고 범죄 행위임을 확인하는 것이다.

이러한 맥락에서 베를루는 **지금 여성주의 실천은 세 가지 도전이 필요**하다고 말한다.[26] 첫째, 오늘날 세계 각국에서 성평등 민주주의의 퇴보를 가져온 현상에 대해 이해하고, 이를 분석하기 위한 **개념과 이론을 찾아야 한다.** 베를루는 우리가 겪고 있는 이 상황에 대한 경험적 사실뿐 아니라 개념·관점의 가능성과 한계에 대해서도 토론해야 한다고 강조한다. 그리고 이를 위해서는 현재 상황에 대한 일상적 이해로부터 거리를 두어야 한다고 본다. 어떤 선입견이나 사전적 판단도 배제하고 현실을 있는 그대로 보기 위해서다.

둘째, 우리의 지식을 **세계적 차원의 분석 틀로 구축**하는 동시에 **지역적 차원에서 재구성**할 수 있어야 한다. 초국가적 글로벌 추세에 대한 이해와 더불어, 지역적 특수성을 설명하고 지역 행위자들의 행위성을 인정할 수 있는 새로운 분석 틀이 필요하다는 것이다.

셋째, **이분법적 도식화에서 벗어나야 한다.** 베를루는 지금까지의 연구가 대립적인 세력들을 물화하고, 우리와 그들 간 이분법적 대립으로 이끄는 프레임·범주를 되풀이할 위험이 있다고 우려했다. 진영 논리는 페미니즘과 다른 진보세력들을 과도하게, 또는 부당하게 동질화할 위험이 있으며, 각 세력들을 구분하는 결정적인 긴장과 분화를 무시하기 쉽다. 따라서 베를루는 페미니즘과 특정 정치적 정당과의 연대를 일시적인 것으로 보아야 한다고 주장한다. 진보세력과 포퓰리스트들을 단순히 대립시키는 이분법적 경계에 따라 정치적 행위자들을 분류하는 행위는 반지성주의로 이어질 수 있다. 동시에 페미니스트 프로젝트,* 그리고 또 다른 평등과 사회정의 프로젝트에 대해 베를루는, 진정으로 위험한 것을 향한 명료한 시선을 유지해야 한다고 강조한다.

정리하면, 이 세 가지 도전은 더 나은 개념화의 필요성, 더 많은 지역 언어로의 번역(지역화), 그리고 우리와 그들의 이분법을 극복하는 연구들이다. 이런 연구들은 다섯 방향으로 전개될 수 있다.[29] 첫째, 페미니스트 프로젝트에 대한 위협을 사회정의와 평등에 대한 더 큰 정치

---

* '프로젝트'로 정의하는 것은 페미니즘을 "담론적·물질적 자원을 동원해, 새로운 의미와 사회적 목적을 만들어내는 시민사회의 과정이자 실천"으로 보는 것이다.[27] 따라서 특정한 이데올로기나 제도화된 집단의 실천으로 제한해서는 안 된다.[28]

적 프로젝트의 일부로서 분석한다. 유럽에서 이 위협은 가톨릭교회와 극우파뿐 아니라, 신자유주의의 중립적 외피 아래 숨겨진 세력들도 포함한다. 둘째, 거시 내러티브를 안티페미니스트 프로젝트의 미시 수준과 연결시켜 주류 사회운동 연구에 대해 비판할 수 있다. 반낙태운동(이탈리아), 극우파의 투표행위(네덜란드), 벨기에·헝가리·루마니아 극우 정치인들의 행위들에 대한 분석 등이 여기에 해당된다.

셋째, 페미니스트 프로젝트에 대한 위협이 유럽에서 진행 중인 민주주의의 변화 과정과 깊게 연계된 것으로 분석해야 한다. 민주주의 백슬라이딩과 탈민주화의 확산이야말로 안티페미니스트 백래시가 진행되는 배경이다. 넷째, 담론적·인식론적·상징적 과정들에 대한 관심을 잃지 않는다. 담론적 지위가 정치에 의해 어떻게 물질적 지위로 연결되고, 상징적으로 표상되는지에 관심을 두는 것이다. 다섯째, 페미니스트 운동의 대응을 분석한다.

이런 연구들은 하나의 단일하고 일관된 분석 틀을 제공하지 않는다. 그러나 오늘날 유럽 각국에서 페미니스트 프로젝트에 제기되는 여러 위협들을 조명·숙고하기 위한 다양한 관점을 발견할 수 있을 것이다.

결론적으로 탈민주화 사회에서 페미니즘과 여성운동에 대한 공격은 그 자체로 고립되어 일어나지 않는다. 안티페미니스트 백래시는 사회 전반의 민주주의 제도를 무너뜨리고 권위주의를 강화하는 사회세력이, 국가권력이나 사회적 영향력을 바탕으로 반여성적 공격을 해나가는 현상을 가리킨다. 따라서 그에 대한 대응 역시 페미니즘이나 여성운동만의 시각으로 한정해서는 안 된다. 여성주의 시각을 중심에 두되, 전 세계적 추이와 지역적 특징, 담론과 물질적·상징적 차원의 변화를 함께 살펴보아야 한다.

더욱이 안티페미니스트 백래시가 전개되는 탈민주화 사회에서는 여성뿐만 아니라 사회적 약자와 소수자, 하층계급과 빈곤층, 이주민, 장애인 등 '그들'로 분리되는 인구집단에 대한 혐오·차별·폭력이 공존하기 쉽다. 그러므로 백래시에 대응할 때도 민주주의의 위기라는 사회적 맥락을 읽고, 그 안에서 다각적 연대를 통해 조직해야 한다.

6

안티페미니스트 백래시
대응 전략

지난 20여 년간 청년층의 여성혐오를 정치적 정동으로 이끌어낸 한국 사회의 안티페미니스트 백래시는, 2022년 20대 대통령 선거와 제8대 지방자치단체 선거에서 일종의 시험을 거쳤다. 그러나 결과가 성공적인 것은 아니었다. 대선 초기 '여성가족부 폐지'로 20대 남성들의 지지율을 급속도로 끌어올린 국민의힘은, 선거 막판 불붙은 20대 여성들의 더불어민주당 지지세로 0.73퍼센트라는 역사상 최소한의 표차로 당선되었다. 이후 실시된 지자체 선거에서 20대 남성의 투표율은 30퍼센트에도 미치지 못할 만큼 참여가 저조했다. 이러한 결과는 '이대남'의 혐오 정서에 기댄 정치적 전략의 효과성에 의문을 제기했다.

대선에서 윤석열 후보에게 투표했던 20대 남성들이 점차 등을 돌리고 있다는 보도가 나오는데도,* 2022년 12월 현재 윤석열 정부는 계속 여성가족부 폐지를 천명하고 있다. 이를 두고 정부가 여가부 폐지의 납득할 만한 근거를 제시하려 노력하기보다는, 이대남이라는 지지 세력을 놓치지 않기 위해 전략을 펼치는 것이라는 분석이 있다. '여가부 폐지'는 선거 때 일시적으로 사용하는 '젠더 카드'가 아니라, 청년 남성들의 마음을 붙잡기 위한 전략이자 진보 지지 세력으로서의 여성운동을 무력화하는 수단으로 강행되고 있다.

'이대남', '이대녀'라는 안티페미니스트 백래시의 구호가 어떻게 정치적 힘을 갖게 되었는지는 앞에서 살펴보았다. 일부 온라인 커뮤니티의 여성혐오 정서가 정치권에 의해 선거 전략으로 발탁되는 과정을 단순히 음모론적 시각으로만 읽어서는 안 될 것이다. 여성혐오가 청년 남성들 사이에서 확산될 수 있었던 사회적 맥락을 분석해야 하며, 여기에는 지난 20여 년간 한국 사회에서 일

---

* 20대 남성들은 자신들이 돌아서는 이유로 정부가 실제로 청년들에게 해준 것이 없다는 점을 지적하고 있다. 여가부 폐지 추진은 일시적인 감정만 불러일으켰을 뿐이라는 것이다. 아울러 혐오에 기반한 정치적 동원은 바람직하지 않다는 비판도 제기되었다.[30]

어난 사회경제적 변동과 젠더관계의 변화가 밀접히 얽혀
있다. 다시 정리하면 이렇다.

첫째, **한국은 물론 전 세계를 휩쓸어온 경제적 위기와 신자
유주의 사회경제체제의 확산이 배경 요인이다.** 2000년대 초
영국발 금융위기와 2008년 미국발 금융위기가 전 세계
의 경제적 불안을 심화시켜온 가운데, 한국은 그전에 이
미 외환위기와 IMF 구제금융시대를 겪었다. 이 과정에
서 국가는 시장우선주의와 자본친화적 정책으로 이동해
왔고, 노동시장에서 고용 기회와 질 모두 악화되었다. 이
런 사회 속 개인들은 무한 경쟁 시장에서 살아남아야 한
다는 생존의 압박에 직면하고, 탈락의 두려움을 안은 채
생계를 스스로 책임지지 않으면 안 되는 개인화의 시대
를 살게 되었다. 특히 학교 졸업 후 노동시장에 신규 입
직해야 하는 청년 세대는 고용 불안정이 초래한 삶의 불
안정 속에서 포기해야 하는 것이 늘어갔다. '청년 실업',
'88만 원 세대', 'n포 세대'와 같은 말이 보여주듯, 청년들
은 행복한 삶에 대한 기대는커녕 생존에 연연해야 하는
세대가 되었다.

둘째, 이러한 변동은 사회 전반에 걸쳐 일어났지만,
모든 개인이 동일한 압력에 놓인 것은 아니었다. 사회경
제적 양극화와 계층 간 경제적 불평등이 심화되면서 상
층과 하층의 격차가 커졌고, 상대적으로 삶의 안정성을

누리던 중산층도 저소득과 빈곤층으로 떨어질 수 있다는 두려움이 사회 전반에 확산되었다. 독일의 사회학자 울리히 벡Ulrich Beck이 말한 **위험사회risk society로의 진입이자, 개인이 일생 동안 언제라도 빈곤층으로 떨어질 수 있는 위험이 현실화된 것이다.** 상류층을 제외하면, 과거와 달리 가족이 더 이상 개인 삶의 안정성을 보장해주는 울타리가 되지 못했고, 동시에 청년들이 부모로부터 경제적으로 독립할 수 있는 가능성도 줄었다.

셋째, 이러한 변화는 **여성이 이전과는 다른 라이프스타일을 선택하도록 이끌어왔다.** 부모 세대나 그 이전 세대에서처럼 성인 여성이 결혼 후 자녀 양육과 가족 돌봄을 위해 전업주부로 살아가는 삶의 방식은, 변화된 사회에 더 이상 적합하지 않은 것이 되고 있다. 남성이 가족의 생계 부양자 노릇을 하기가 어려워졌고, 여성도 자신의 생계를 스스로 책임져야 한다는 요구가 높아져왔기 때문이다. 따라서 점점 더 많은 여성들이 취업하고 있으며, 특히 청년 여성들은 평생 직업을 가지면서 돈을 벌어야 한다는 기대와 요구를 안은 채 노동시장에 나선다.

넷째, 저성장과 고용을 동반하지 않는 성장, 고용 불안정을 확대하는 노동시장 정책, 정규직-비정규직과 대기업-중소기업의 노동시장 분절 구조 속에서 남성들의 고용 기회와 질은 크게 하락해왔다. 격화되는 경쟁 체제와 고용 불안정으로 인한 삶의 불안정 속에서 남성들은 가족은 물론, 자신의 생존을 책임지기도 버거워졌다. 아버지 세대에 공공 부문과 대기업, 정규직 일자리가 남성의 독점적 영역이었던 것과 달리, 이제 남성들은 밀려오는 여성들과도 경쟁해야 하는 상황에 직면하고 있다. 더욱이 성인으로 진입하는 20대 초반 문턱에서 군대에 가야 한다는 조건은, 역차별 의식과 피해자로서 남성의 이미지를 강화해왔다.

그런데 **이러한 상황을 '남성의 위기'로만 해석할 수 있을까?** 남성들이 느끼는 불안과 분노의 원인을 여성에게서 찾고 여성혐오로 투사한다고 해서 이런 상황이 극복될 수 있을까? 남성들의 분노를 정치적으로 동원해 표를 얻고, 그들에게 약간의 정치적 효능감을 제공한다고 해서 남성들의 상황을 개선할 수 있을까? 반대로 분노와 혐오의 대상이 된 여성들은 그저 무력하게 주저앉아만 있을까? 청년 남성과 청년 여성이 서로에게 분노하며 혐오를 투사하고 대립하는 상황은 누구에게 이익이 될까? 이런 상황은 무한 경쟁과 고용 불안정이 초래한 삶의 위기 속에서 그들이 직면한 문제를 풀어가는 데 도움이 될 수 있을까? 사회경제적 불안을 젠더 대립으로 치환하려는 정치세력은 한국 사회가 직면한 구조적 불안과 위기를 해결하기 위해 어떤 노력을 기울여왔는가?

지금 한국 사회의 청년 남성들이 느끼는 불안과 공포

는 여성이나 페미니즘 때문이 아니라는 점을 더 설명할 필요는 없을 것이다. 청년 남성들이 느끼는 불안과 공포는 사회경제적 변화가 가져온 결과의 하나로, 청년 여성들도 공유하는 감정이다. 차이가 있다면, 남성들은 과거 세대와 비교해 특권의 상실이라는 박탈감을 느끼는 데 비해, 여성은 잃어버릴 특권 자체가 없다는 점에서 상대적으로 자유로울 뿐이다. 따라서 지금 청년들이 경험하는 위기는 '남성의 위기'가 아니라 '신자유주의 사회에서 개인들이 경험하는 삶의 불안정성'이다. 여기에는 남성의 박탈감이라는 주관적 요인과 더불어, 노동시장의 성별 불평등과 여성의 경력단절이라는 객관적 요인도 작용하고 있는 것이다. 그러므로 한국과 세계 사회의 변화를 냉정하게 분석하고 개인들의 고통을 줄여갈 수 있는 사회적 방안을 찾는 것이 이 문제를 대하는 정직한 자세라고 할 수 있다. 또한 필연적으로 뒤따를 수밖에 없는 젠더관계의 변화에 대해서도, 긍정적 효과를 촉진하고 부작용을 줄일 수 있는 사회정책을 구현하는 것 외에 다른 방법은 없다.

그러나 2022년 10월 7일 '여가부 폐지'를 포함한 정부조직법 개정안(국민의힘 주호영 의원 대표 발의)이 발표되었다. 여성가족부를 폐지하고 보건복지부에 '인구가족양성평등본부'를 신설해 여성가족부의 기능을 이관하고, 여성고용 지원업무는 고용노동부로 이관한다는 계획이다. 이에 맞서 더불어민주당은 '성평등(가족)부'로 확대·개편해야 한다는 입장을 표명해왔다. 국가인권위원회 또한 정부조직법 개정안이 성평등 정책의 조정과 총괄 기능을 약화시켜 여성·성평등 정책의 전반적인 후퇴를 가져올 것이라고 우려했다.

이러한 상황에서 여성주의 실천은 어떤 대응 전략을 선택할 수 있을까? 첫째, **페미니즘과 여성운동 등 여성주의 실천이 무엇인지, 그 가치와 지향, 역사와 전략이 무엇인지에 대해 시민들에게 제대로 알릴 필요가 있다.** 여러 조사에서 밝혀진 것처럼 페미니즘을 둘러싼 청년 남성들의 오해는 매우 심각한 수준이며, 여성운동을 둘러싼 대중의 인식도 최근 악화되어왔다. 여기에 극단적인 생물학주의나 성소수자 혐오와 같은 페미니즘의 일부 경향이 전체 페미니즘으로 확대 해석되면서 페미니즘에 대한 비난과 공격이 늘어났다.

그러나 페미니즘feminisms은 그 시각과 입장의 복수성을 핵심적 가치로 하는 동시에, 사회적 약자와 주변인의 위치에 선다는 원칙을 공유한다. 또 '젠더'라는 문제의식, 즉 성차별과 성폭력은 생물학적 요인뿐 아니라 사회문화적 규범과 정치경제적 권력관계 속에서 형성되고 변화한다는 이론적 사고를 토대로 한다. 이러한 젠더와 페미니즘, 여성운동 등 여성주의 실천의 문제의식과 관점, 사회적 지향을 정확히 전달해가려는 노력이 대단히 중요한 시점이며, 이를 위해서는 페미니즘 교육을 늘리고 질적으로 개선해나가야 한다. 아울러 사회적 담론과 국가 제도·관행의 개선 역시 의식의 변화를 꾀하는 중요한 수단이라는 사실을 기억할 필요가 있다.

둘째, **여성들 간 연대의 중요성이다.** 한국 사회에서 안티페미니스트 백래시는 주로 청년층을 동원한 정치세력화를 꾀했고, 20대 청년층 내부의 성별 대립이 가장 두드러졌다. 따라서 일부나마 거대한 정치권력의 비호를 받는 청년 남성들에 비해, 청년 여성들의 상황은 훨씬 취약하다. 이들 중 일부는 더불어민주당이나 정의당 등에서 지지 세력으로 활동하기도 하지만, 윤석열 정부의 반여성적 정책이 가져올 충격과 고통은 피할 수 없을 것이다. 따라서 20대 여성을 포함한 전체 연령층 여성들의 연대가 필요하다. 안티페미니스트 백래시의 표본이라고 할 수 있는 이준석 전 대표의 '세대포위론'이 청년 남성들과 60대 이상 노년 남성들의 동맹으로 다른 연령층을 고립시키려는 전략이라면, 여성주의 연대는 연령과 성별, 지역과 계층을 넘어서는 개방적이고 다각적인 연대를 구축해가야 한다.

셋째, **지역사회의 풀뿌리 여성운동을 더욱 튼튼하게 만들어야 한다.** 라틴아메리카와 유럽의 사례는 안티페미니스트 백래시에 대한 저항이 중앙정치에 국한될 경우 좌절될 가능성이 크다는 것을 보여준다. 국가기구를 중심으로 한 중앙정치에서는 집권 정당의 정치 이념과 동맹 세력에 따라 여성운동에 대한 태도가 달라질 수 있다. 대체로 보수정당이 극우 보수세력과 동맹 관계를 형성하는 경우 여성운동에 대한 공격이 극심해질 수 있다. 그러나 지역사회 차원에서 풀뿌리 여성운동의 영향력을 유지해 나갈 경우, 정치권력의 변화에 크게 흔들리지 않고 여성운동이 유지될 수 있다.

한국 사회는 특히 대통령 중심제의 중앙집권적 국가체제 속에서 그간 지역의 정치와 사회운동이 취약성을 면치 못했다. 또한 서울 중심의 수도권 발전 전략 때문에 지역은 사회경제적으로 매우 열악한 조건에 놓여 있다. 이에 따라 지역의 풀뿌리 여성운동 역시 활동가 충원에 어려움이 많고, 재정 문제도 심각한 곳이 적지 않다. 그러나 지역의 여성운동을 살리는 길이야말로 안티페미니스트 백래시에 대응하는 가장 효과적인 수단임을 인식할 필요가 있다.

넷째, **담론 지형의 전투에서 반혐오·반차별·반폭력 세력의 연대가 중요하다.** 국민의힘 이준석 대표의 전국장애인차별철폐연대(전장연)에 대한 공격에서 볼 수 있었듯, 안티페미니스트 세력은 혐오와 차별의 정서에 기대어 자기

세력의 결집을 도모한다. 따라서 한국 사회에서 타자화되어온 집단이나 개인의 연대는 페미니즘의 민주적 가치와 정당성을 확보해가는 데도 중요하다. 비정규직 노동자, 장애인, 성소수자, 이주민, 외국인 등 다양한 정체성을 가진 소수자들과 사회적 약자들의 연대에 적극적으로 참여해야 한다. 현재 국회에 발의되어 있는 '차별금지법'의 통과를 위한 싸움은 그 중요한 시험대가 될 것이다.

다섯째, **여성운동과 여성정책의 프레임이 달라져야 한다.** 그동안 한국에서뿐 아니라 전 세계적으로 여성운동의 정책적 지향은 성평등 사회를 구현하는 데 있었다. 이를 위해 여성운동은 국가와 지방정부의 정책 결정 과정에 적극적으로 참여해왔다. 그러나 이제 성평등 정책은 안티페미니즘 세력의 반발에 항상적으로 직면하게 되었다. 그러므로 여성운동의 프레임을 여성운동-국가의 양자 관계가 아니라, 여성운동-반여성운동-국가(지방정부)의 삼자 관계로 수정하고 운동의 전략을 수립해가야 한다는 것이다.

여기서 안티페미니즘 세력은 일부 정당이나 정파, 종교집단으로 특정화될 수 없으며, 단일한 것도 아니다. 각각의 세력들, 정당이나 종교집단, 사회운동 세력은 내부적으로 온도차가 있긴 하지만 분명 페미니즘과 안티페미니즘 세력이 공존한다. 그리고 이런 지형은 정치사회적 변동에 따라 변화한다. 따라서 단순한 이분법적 사고에서 벗어나, 국가와 시민사회의 각 영역 속에 자리 잡은 안티페미니즘의 세력화를 주의깊게 관찰하고 대응해야 한다.

'여성가족부 폐지' 정책에도 불구하고, 한국 사회에서 '여성정책'이 실질적으로 사라질 수는 없다. 현재 중앙정부와 지자체에서 진행되는 '여성' 지우기, '양성평등', '인구', '가족' 정책 띄우기, '행복' 등의 표현으로 성평등 정책의 정체성 해체하기 등의 시도는 성공하지 못할 것이다. 코로나19와 돌봄 위기, 경제적 불안정, 성폭력 범죄 증가 등으로 여성들의 삶이 더 어려워지는 상황에서 정책의 수요는 계속될 것이기 때문이다. 또 노동시장과 가족 안에서 성별 격차를 줄여가야 한다는 요구도 계속될 것이다. 따라서 '여성정책', '성평등 정책'이라는 이름을 지울 수는 있어도 여성정책, 성평등 정책 자체를 없앨 수는 없다.

안티페미니스트 백래시는 결국 여성운동과 페미니스트들을 위축시키고, 운동의 의지를 약화시키며, 페미니즘에 대한 일반 여성들의 관심을 차단하는 데 목표가 있다. 이러한 상황에서 여성운동은 어떻게 싸워야 할까? 페미니스트들은 어떻게 생존하고 성평등 민주주의를 요구할 것인가? 여성주의 실천에 더 많은 여성, 그리고 문제의식을 지닌 남성이 합류할 수 있는 길을 어떻게 만들어가야 하는가? 우리에게 던져진 질문은 적지 않다. 그러나 문제를 발견하는 사람들은 해결 방법도 찾을 수 있을 것이다. **더 많이 질문하고, 더 깊게 생각하며, 더 뜨겁게 토론하고, 더 굳건히 연대하는 시간이 필요할 것이다.** 여성의 목소리를 음소거시키고 여성을 지우려는 백래시에 맞서기 위해선. '백래시'가 있는 곳에는 '성평등 민주주의'를 향한 여성들의 실천이 있다.

책을 펴내며

1   Johanna Wyn and Rob White, "Negotiating Social Change: The Paradox of Youth", *Youth and Society*, 32(2), 2000; Richard Sennett, *The Corrosion of Character, The Personal Consequences Of Work In the New Capitalism*, New York: W. W. Norton and Co., 1998[리처드 세넷, 《신자유주의와 인간성의 파괴》, 조용 옮김, 문예출판사, 2002].

2   Hartmut Rosa, "Social Acceleration: Ethical and Political Consequences of a De-Synchronized High-Speed Society", *Constellations*, 10(1), 2003.

3   김왕배, 《감정과 사회 : 감정의 렌즈를 통해 본 한국사회》, 한울, 2019.

4   신경아, 〈위험의 개인화와 꿈의 조건: 네 개의 서사 분석〉, 《꿈의 사회학》, 다산출판사, 2018.

5   Jeffrey C. Alexander, Kenneth Thompson, Laura Desfor Edles and Moshoula Capouas-Desyllas, *A Contemporary Introduction to Sociology: Culture and Society in Transition*, 3rd ed., Routledge, Taylor & Francis Group: New York and London, 2018, pp.90~91.

6   Albert O. Hirshman, *Shifting Involvements: private interest and public action*, Princeton University Press, 1982.

7   Jeffrey C. Alexander et al., *A Contemporary Introduction to Sociology: Culture and Society in Transition*, 2018, pp.92~93.

8   같은 책.

9   같은 책, 94쪽.

1장

1   Amekia Sims and Stephanie Wong, "Anti-Feminist Backlash", *The SAGE Encyclopedia of Psychology and Gender*, 2017.

2   하이디 하트만, 〈자본주의, 가부장제, 성별분업〉, 여성평우회 엮음, 《제3세계 여성노동》, 창작과비평사, 1985.

3   Jennifer M. Piscopo and Denise M. Walsh, "Introduction", Symposium: Backlash and the Future of Feminism, *Signs: Journal of Women in Culture and Society*, 45(2), 2020, pp.265~266.

4   Michelle V. Rowley, "Anything but Reactionary: Exploring the Mechanics of Backlash", *Signs*, 45(2), 2020, p.282.

5   Erica Townsend-Bell, "Backlash as the Moment of Revelation", *Signs: Journal of Women in Culture and Society*, 45(2), 2020, p.288.

6   같은 글, 290쪽.

7   Piscopo and Walsh, "Introduction", Symposium: Backlash and the Future of Feminism, *Signs: Journal of Women in Culture and Society*, p.267.

8   Erica Townsend-Bell, "Backlash as the Moment of Revelation", *Signs: Journal of Women in Culture and Society*, 45(2), 2020, p.290.

9   같은 글, 287~288쪽.

10   같은 글, 290~292쪽.

11   Victoria Browne, "Backlash, Repetition, Untimeliness: The Temporal Dynamics of Feminst Politics", *Hypatia*, 28(4), 2013, p.907.

12   Victoria Browne, "Backlash, Repetition, Untimeliness: The Temporal Dynamics of Feminst Politics", *Hypatia*, 28(4), 2013.

13   Elisabetta Brighi, "The Globalization of Resentment: Failure, Denial, and Violence in World Politics", *Millennium*, 44(3), 2016, pp.422~423.

14   같은 글, 424쪽.

15   같은 글, 426쪽; Wendy Brown, *States of Injury: Power and Freedom in Late Modernity*, Princeton Univ. Press, 1995, p.68.

16   Mary Hawkesworth, "Analyzing Backlash: Feminist Standpoint Theory as Analytical Tool", *Women's Studies International Forum*, 22(2), 1999, p.149.

17   Wendy Brown, *States of Injury: Power and Freedom in Late Modernity*, Princeton Univ. Press, 1995, p.27.

18   지그문트 바우만, 《액체근대》, 이일수 옮김, 2009.

19   Brighi, "The Globalization of Resentment: Failure, Denial, and Violence in

World Politics", p.417.

20 WIKIPEDIA, "Personal Responsibility and Work Opportunity Act"(https://en.wikipedia.org/wiki/Personal_Responsibility_and_Work_Opportunity_Act).

21 Lawrence Glicksman, "How White Backlash Controls American Progress", *The Atlantic*, 2020.5.22.

22 Cambridge Dictionary, "backlash"(https://dictionary.cambridge.org/ko/%EC%82%AC%EC%A0%84/%EC%98%81%EC%96%B4/backlash).

23 Oxford Learner's Dictionaries, "backlash"(https://www.oxfordlearnersdictionaries.com/definition/english/backlashq=backlash).

24 Jane Mansbridge and Shauna L. Shames, "Toward a Theory of Backlash: Dynamic Resistance and the Central Role of Power", *Politics and Gender*, 4(4), 2008, p.627.

25 같은 글, 624~626쪽.

26 같은 글, 629쪽.

27 Michelle V. Rowley, "Anything but Reactionary: Exploring the Mechanics of Backlash", *Signs*, 45(2), 2020, p.270.

28 Glicksman, "How White Backlash Controls American Progress".

29 같은 글, 4쪽.

30 같은 글.

31 같은 글.

32 같은 글, 6쪽.

33 같은 글, 7~11쪽.

34 같은 글, 13~14쪽.

35 같은 글, 18~21쪽.

2장

1 전복희, 〈독일의 '새로운' 안티페미니즘에 대한 고찰: '독일을 위한 대안'(AfD) 정당과 우익 포퓰리즘 단체들을 중심으로〉, 《정치·정보연구》, 24(3), 2021.

2 같은 글; 변기찬, 〈프랑스의 근대화와 안티페미니즘〉, 《지중해지역연구》, 6(2), 2004.

3 변기찬, 〈프랑스의 근대화와 안티페미니즘〉.

4 같은 글, 83쪽.

5 같은 글, 83~85쪽.

6 수전 팔루디, 《백래시: 누가 페미니즘을 두려워하는가?》, 황성원 옮김, 아르
   테, 2017, 43쪽.

7 같은 책, 11쪽.

8 같은 책, 45쪽.

9 같은 책, 36쪽.

10 같은 책, 138쪽.

11 같은 책, 135쪽.

12 Mary Hawkesworth, "Analyzing Backlash: Feminist Standpoint Theory as
    Analytical Tool", *Women's Studies International Forum*, 22(2), 1999.

13 같은 글, 137쪽.

14 같은 글, 138쪽.

15 Katherine Gerson, *The Unfinished Revolution: Coming of Age in a New Era of
    Gender, Work, and Family*, Oxford Univ. Press, 2009; Nancy Folbre, *Who Pays
    for the Kids?: Gender and the Structures of Constraint*, Routledge, 1994; *The Invisible
    Heart: Economics and Family Values*, New Press, 2001; Nancy Folbre and
    Michael Bittman eds., *Family Time: The Social Organization of Care*, Routledge,
    2004.

16 Paromita Sen, Catalina Vallejo and Denise Walsh, "Opposition to Women's
    Participation in Politics and Civil Society", University of Virginia, 2017.

17 Susan Faludi, Shauna Shames, Jennifer M. Piscopo and Denise M. Walsh,
    "A Conversation with Susan Faludi on Backlash, Trumpism, and #MeToo",
    Signs: Journal of Women in Culture and Society, 45(2), 2020, p.274.

18 같은 글, 338쪽

19 같은 글, 339쪽.

20 같은 글, 343쪽.

21 Petra Ahrens, Karen Celis, Sara Child, Isabelle Engeli, Elizabeth Evans and
    Liza Mügge, "Contemporary crises in European politics: gender euality+
    under threat", *European Journal of Gender and Politics*, 1(3), 2018, p.302;
    Sylbia Walby, "Gender in the crisis and remaking of Europe re-gendering
    subsidiarity", *European Journal of Gender and Politics*, 1(3), 2018, pp.307~324.

22 David Paternotte and Roman Kuhr, "Disentangling and Locating the 'Global
    Right': Anti-Gender Campaigns in Europe", *Politics and Governance*, 6(3),
    2018.

23 유럽에서의 백래시 상황에 대한 개괄은 Paternotte and Kuhr, "Disentangling

and Locating the 'Global Right': Anti-Gender Campaigns in Europe", 6~19쪽을 중심으로 정리했다.

24 앞의 글, 9쪽.

25 앞의 글, 9~10쪽.

26 Paternotte, David and Roman Kuhr, "Disentangling and Locating the 'Global Right': Anti-Gender Campaigns in Europe", *Politics and Governance*, 6(3), 2018, p.10~11.

27 앞의 글, 8쪽.

28 앞의 글, 12~13쪽.

29 A. Benveniste, G. Campani and G. Lazaridis, "Introduction —Populism: The concept and its definitions", G. Lazaridis et al. eds., *The rise of the far right in Europe: Populist shifts and "othering"*, London: Palgrave Macmillan, 2016, p.12.

30 Paternotte and Kuhr, "Disentangling and Locating the 'Global Right': Anti-Gender Campaigns in Europe", pp.13~14.

31 Zein Murib, "Backlash, Intersectionality, and Trumpism", *Signs: Journal of Women in Culture and Society*, 45(2), 2020, p.297.

32 Nancy L. Cohen, "Toward a Feminist Future: A Political Strategy for Fighting Backlash and Advancing Gender Equity", *Signs: Journal of Women in Culture and Society*, 45(2), 2020, p.331.

33 같은 글, 332쪽.

34 같은 글, 333쪽.

35 같은 글.

36 같은 글.

37 Rosalyn Cooperman and Melody Crowder-Meyer, "Standing on Their Shoulders: Suffragists, Women's PACs, and Demands for Women's Representation", *Political Science & Politics*, 53(3), 2020.

38 Cohen, "Toward a Feminist Future: A Political Strategy for Fighting Backlash and Advancing Gender Equity", p.334.

39 Ayako Kano, "Backlash, Fight Back, and Back-pedalling: Responses to state feminism in contemporary Japan", *International Journal of Asian Studies*, 8(1), 2011.

40 같은 글, 42쪽.

41 Kano, "Backlash, Fight Back, and Back-pedalling: Responses to state feminism in contemporary Japan".

42 같은 글, 42쪽.

43　Tomomi Yamaguchi, "'Gender Free' Feminism in Japan: A Story of Mainstreaming and Backlash", *Feminist Studies*, 40(3), 2014; Mikko Eto, "'Gender' Problems in Japanese Politics: A Dispute over a Socio-Cultural Change towards Increasing Equality", *Japanese Journal of Political Science*, 17(3), 2016.

44　Kano, "Backlash, Fight Back, and Back-pedalling: Responses to state feminism in contemporary Japan", p.54.

45　같은 글.

46　Yamaguchi, "'Gender Free' Feminism in Japan: A Story of Mainstreaming and Backlash".

47　Kano, "Backlash, Fight Back, and Back-pedalling: Responses to state feminism in contemporary Japan", p.52.

48　같은 글, 54쪽.

49　Margaret F. Moloney, "A Heideggerian Hermeneutical Analysis of Older Women's Stories of Being Strong", *Journal of Nursing Scholarship*, 27(2), 1995.

50　Kano, "Backlash, Fight Back, and Back-pedalling: Responses to state feminism in contemporary Japan", p.53.

51　같은 글, 54쪽.

52　전복희, 〈독일의 '새로운' 안티페미니즘에 대한 고찰: '독일을 위한 대안'(AfD) 정당과 우익 포퓰리즘 단체들을 중심으로〉; 〈독일 제2기 여성운동에서 제기된 여성문제들의 특성과 제도화〉, 《평화학연구》, 11(4), 2010; 전복희, 〈독일 1기 여성운동에서 여성쟁점(women's issues)의 특징〉, 《한국정치학회보》, 38(5), 2004.

53　전복희, 〈독일의 '새로운' 안티페미니즘에 대한 고찰: '독일을 위한 대안'(AfD) 정당과 우익 포퓰리즘 단체들을 중심으로〉, 116쪽.

54　같은 글; 박설아 · 류석진, 〈신생 소수정당의 성장과 포퓰리즘: 독일 대안당(AfD: Alternative für Deutschland)과 우파 포퓰리즘을 중심으로〉, 《한국정치연구》, 27(1), 2018.

55　전복희, 〈독일의 '새로운' 안티페미니즘에 대한 고찰: '독일을 위한 대안'(AfD) 정당과 우익 포퓰리즘 단체들을 중심으로〉, 110쪽.

56　같은 글, 112~117쪽.

57　최정애, 〈독일 극우정당 부상 배경: 유로화, 이주민 요인을 중심으로〉, 《오토피아》, 33(1), 2018.

58　전복희, 〈독일의 '새로운' 안티페미니즘에 대한 고찰: '독일을 위한 대안'(AfD) 정당과 우익 포퓰리즘 단체들을 중심으로〉, 118쪽.

59 전복희, 〈독일 페미니스트 담론에서 젠더와 인종의 교차성에 대한 고찰: 독일 이슬람 이주여성의 불평등 문제에 대한 담론을 중심으로〉, 《정치정보연구》, 22(2), 2019.

60 Alba Alonso and Emanuela Lombardo, "Gender Equality and De-Democratization Processes: The Case of Spain", *Politics and Governance*, 6(3), 2018, pp.80~81.

61 Conny Roggerband and Andrea Krizsán, "Democratic Backsliding and The Backlash Against Women's Rights: Understanding the current challenges for feminist politics", Discussion Paper, UN WOMEN Discussion Paper No.35, 2020, p.2(접근일: 2021.6.30).

62 Roggerband and Krizsán, "Democratic Backsliding and The Backlash Against Women's Rights: Understanding the current challenges for feminist politics"; Andrea Krizsán and Conny Roggeband, "The Changing Politics of Gender in Times of De-Democratisation Participation Policy", ECPR Joint Sessions Virtual Event, 2021.5.17.

63 Conny Roggerband and Andrea Krizsán, "Reversing gender policy progress: patterns of backsliding in Central and Eastern European new democracies", *European Journal of Politics and Gender*, 1(3), 2018.

64 Roggerband and Krizsán, "Democratic Backsliding and The Backlash Against Women's Rights: Understanding the current challenges for feminist politics"; Krizsán and Roggeband, "The Changing Politics of Gender in Times of De-Democratisation Participation Policy".

65 Roggerband and Krizsán, "Democratic Backsliding and The Backlash Against Women's Rights: Understanding the current challenges for feminist politics".

66 같은 글.

67 같은 글.

68 Juliana Restrepo Sanin, "Violence against Women in Politics: Latin America in an Era of Backlash", *Signs: Journal of Women in Culture and Society*, 45(2), 2020, p.303.

69 같은 글, 306쪽.

70 Gisela Zaremberg, Constanza Tabbush and Elisabeth Jay Friedman, "Feminism(s) and anti-gender backlash: lessons from Latin America", *International Feminist Journal of Politics*, 23(4), 2021.

71 같은 글, 530쪽.

72 Sonia Corrêa, David Paternotte and Roman Kuhar, "The Globalisation of

AntiGender Campaigns", International Politics and Society, 2018.5.31.(접근일: 2021.6.30).

73 Zaremberg, Tabbush and Friedman, "Feminism(s) and anti-gender backlash: lessons from Latin America", p.527.

74 같은 글, 530쪽.

75 같은 글, 528쪽.

76 같은 글.

77 Kate Seymour, "'Respect for each gender': Gender, equity and backlash in Austrailia's male health policy", *Aust J Soc Issues*, 53, 2018.

78 같은 글, 134쪽; Maree Herrett and Toni Schofield, "Raewyn Connell: Gender, Health and Healthcare," *The Palgrave Handbook of Social Theory in Health, Illness and Medicine*, Palgrave, 2015, p.563.

79 Seymour, "'Respect for each gender': Gender, equity and backlash in Austrailia's male health policy", p.126.

80 Tina Askanius and Jannie Møller Hartley, "Framing gender justice: A comparative analysis of the media coverage of #metoo in Denmark and Sweden", *Nordicom Review*, 40(2), 2019, p.22.

81 Deborah L. Rhode, "Media Images, Feminist Issues", *Signs*, 20(3), 1995.

82 Tauna Sisco and Jennifer Lucas, "Flawed Vessls: Media framing of feminism in the 2008 presidential election", *Feminist Media Studies*, 15(3), 2015; Rebecca Ann Lind and Colleen Salo, "The Framing of Feminists and Feminism in News and Public Affairs Programs in U.S. Electronic Media", *Journal of Communication*, 52(1), 2002; Elisabeth A. van Zoonen, "The Women's Movement and the Media: Constructing a Public Identity", *European Journal of Communication*, 7, 1992.

83 Tina Askanius and Jannie Møller Hartley, "Framing gender justice: A comparative analysis of the media coverage of #metoo in Denmark and Sweden", *Nordicom Review*, 40(2), 2019.

84 같은 글.

85 Drude Dahlerup, Electoral Gender Quota Systems and their implementation in Europe, Stockholm University, Faculty of Social Sciences, Department of Political Science, 2011, p.31.

86 Karen Lehrman, "Review of Backlash: The Undeclared War against American Women", *New Republic*, 206(11), 1992.

87 Ana Jordan, "Conceptualizing Backlash: (UK) Men's Rights Groups, Anti-

Feminism, and Post-feminism", *CJWL/RFD*, 28, 2016, p.24.

88 Gayle Greene, "Review of Backlash: The Undeclared War against American Women", *Nation*, 254, 1992.

89 Ann Braithwaite, "Politics of/and Backlash", *Journal of International Women's Studies*, 5(5), 2004.

90 Karen Lehrman, "Review of Backlash: The Undeclared War against American Women".

3장

1 이재경, 〈한국사회 젠더 갈등과 '사회 통합'〉, 《저스티스》, 134(2), 2013, pp.94~109.

2 위키백과, 〈군필자 가산점 제도〉(https://ko.wikipedia.org/wiki/%EA%B5%B0%ED%95%84%EC%9E%90_%EA%B0%80%EC%82%B0%EC%A0%90_%EC%A0%9C%EB%8F%84)

3 윤보라, 〈일베와 여성혐오: "일베는 어디에나 있고 어디에도 없다"〉, 《진보평론》, 57, 2013, 33~56쪽.

4 김보명, 〈페미니즘의 재부상, 그 경로와 특징들〉, 《경제와사회》, 여름호(통권 제118호), 2018.

5 손희정, 〈페미니즘 리부트〉, 《문화과학》, 83, 2015; 이현재, 《여성혐오, 그 후: 우리가 만난 비체들》, 들녘, 2016.; 권수현, 〈정치진입의 성별화된 장벽들: 20대 국회의원의 출마결정 요인과 성차〉, 《페미니즘연구》, 19(1), 2019.

6 김학준, 〈인터넷 커뮤니티 일베저장소에서 나타나는 혐오와 열광의 감정동학〉, 서울대학교 사회학과 석사학위논문, 2014.

7 김학준, 《보통 일베들의 시대: '혐오의 자유'는 어디서 시작되는가》, 오월의봄, 2022, 203쪽.

8 같은 책, 207쪽.

9 같은 책, 209쪽.

10 같은 책, 210쪽의 일베 이용자 인터뷰.

11 같은 책, 130쪽.

12 홍성수, 《말이 칼이 될 때: 혐오표현은 무엇이고 왜 문제인가?》, 어크로스, 2018.

13 김수진, 〈여성혐오, 페미니즘의 새 시대를 가져오다〉, 《교육비평》, 38, 2016, 163~188쪽.

14 우에노 지즈코, 《여성 혐오를 혐오한다》, 나일등 옮김, 은행나무, 2012.

15 마경희 외, 〈2021년 양성평등실태조사 분석 연구〉, 여성가족부 연구용역보고서, 한국여성정책연구원, 2021.

16 김학준, 《보통 일베들의 시대: '혐오의 자유'는 어디서 시작되는가》, 135쪽.

17 같은 책.

18 윤보라, 〈일베와 여성혐오: "일베는 어디에나 있고 어디에도 없다"〉.

19 엄혜진, 〈신자유주의 시대 여성 자아 기획의 이중성과 '속물'의 탄생〉, 《한국여성학》, 32(2), 2016, 31~69쪽.

20 김수진, 〈여성혐오, 페미니즘의 새 시대를 가져오다〉.

21 같은 글.

22 정인경, 〈포스트페미니즘 시대 인터넷 여성혐오〉, 《페미니즘연구》, 16(1), 2016, 186쪽.

23 김보명, 〈젠더 갈등과 반페미니즘의 문법〉, 《비교문화연구》, 56, 2019, 10쪽.

24 같은 글, 3쪽.

25 정사강·홍지아, 〈국가 페미니즘, 여성가족부, 여성혐오〉, 《미디어, 젠더 & 문화》, 34(1), 2019.

26 윤보라, 〈일베와 여성혐오: "일베는 어디에나 있고 어디에도 없다"〉; 이나영, 〈여성혐오와 젠더차별, 페미니즘: '강남역 10번 출구'를 중심으로〉, 《문화와사회》, 22, 2016; 김은주, 〈여성혐오(mysogyny) 이후의 여성주의(feminism)의 주체화 전략: 혐오의 모방과 혼종적(hybrid) 주체성〉, 《한국여성철학》, 26, 2016; 이진옥·황아란·권수현, 〈한국 국회는 대표의 다양성을 보장하는가?: 비례 대표제와 여성할당제의 효과와 한계〉, 《한국여성학》, 33(4), 2017; 김보명, 〈페미니즘의 재부상, 그 경로와 특징들〉; 권수현, 〈정치진입의 성별화된 장벽들: 20대 국회의원의 출마결정 요인과 성차〉, 《페미니즘연구》, 19(1), 2019.

27 국승민 외, 《20대 여자》, 시사IN북, 2022.

28 같은 책, 118쪽.

29 같은 책, 120쪽.

30 김가윤, 〈'여가부 폐지' 공약 놓고 국민의힘 내부 의견도 분분〉, 《한겨레》, 2021.3.11.

31 박정훈, 〈이대남은 정말 여가부 폐지에 열광했을까?: [진단] 2022년 20대 남성과 2017년 20대 남성은 비슷하다〉, 《오마이뉴스》, 2022.3.14.

32 최세림 외, 〈생애주기에 따른 성별 임금격차〉, 한국노동연구원, 2018.

33 남은주, 〈지금 우리가 막아내야 하는 것: 여성가족부 폐지로 대표되는 약자와 소수자를 위한 정책 후퇴〉, 《평화뉴스》, 2022.10.19.

34 손혜림, 〈"시, 20년 전으로 퇴행"··· 부산여성가족개발원 축소 규탄〉, 《부산일보》, 2022.9.28.

35 조고운, 〈경남여성가족재단, 양성평등재단으로 변경 추진〉, 《경남신문》, 2022.11.10.

36 백승목, 〈울산도 산하 공공기관 줄인다 ··· 문화·관광재단 등 6개 기관 3개로 통폐합〉, 《경향신문》, 2022.11.2.

37 정은수, 〈조례정치 또 기승 ··· 이번엔 '성평등'〉, 《한국교육신문》, 2020.6.18.

38 이하늘, 〈성평등 교육환경 조성 조례안 무산〉, 《강원일보》, 2020.6.8.

39 이화섭, 〈'성 평등 교육환경' 조례안, 대구시의회 상임위서 부결〉, 《매일신문》, 2020.6.19.

40 이상원, 〈"성평등 교육해서 N번방 터졌다" 조례 반대 측의 이상한 주장〉, 《뉴스민》, 2020.6.15.

41 〈서울특별시교육청 성평등 교육환경 조성 및 활성화 조례안〉(의안번호 1271), 2020.2.5.

42 김원정, 〈청년세대 '젠더갈등' 논의 지형과 성평등 정책의 대응〉, 《제126차 양성평등정책포럼: 청년세대의 성평등 인식 격차와 향후 과제》(한국여성정책연구원 세미나 자료집), 2021, 13~28쪽.

43 김보명, 〈젠더 갈등과 반페미니즘의 문법〉, 《비교문화연구》, 56, 2019, 6쪽.

44 신경아, 〈젠더 갈등의 사회학〉, 《황해문화》, 97호, 2017.

45 마경희 외, 〈2021년 양성평등실태조사 분석 연구〉; 국승민 외, 《20대 여자》.

4장

1 찰스 틸리, 《위기의 민주주의》, 이승협·이주영 옮김, 전략과문화, 2010.

2 같은 책, viii쪽.

3 같은 책, 11~15쪽.

4 같은 책, 98~99쪽.

5 Nancy Bermeo, "On Democratic Backsliding", *Journal of Democracy*, 27(1), 2016, p.5.

6 같은 글, 6쪽.

7 같은 글, 16쪽.

8 Mieke Verloo and David Paternotte, "The Feminist Project under Threat in Europe", *Politics and Governance*, 6(3), 2018.

9 같은 글, 24쪽.

10 David Waldner and Ellen Lust, "Unwelcome Change: Coming to Terms with Democratic Backsliding", *Annual Review of Political Science*, 21, 2018.

11 Roggerband and Krizsán, "Democratic Backsliding and The Backlash Against Women's Rights: Understanding the current challenges for feminist politics", p.28.

12 같은 글, 33쪽.

13 같은 글, 32쪽.

14 Andrea Krizsán and Conny Roggerband, "Toward a Conceptual Framework for Struggle over Democracy in Backsliding States: Gender Equality Policy in Central Europe", *Politics and Governance*, 6(3), 2018.

15 Roggerband and Krizsán, "Democratic Backsliding and The Backlash Against Women's Rights: Understanding the current challenges for feminist politics", p.12.

16 같은 글.

17 같은 글.

18 Alonso and Lombardo, "Gender Equality and De-Democratization Processes: The Case of Spain".

19 찰스 틸리, 《위기의 민주주의》, 14~15쪽.

20 Leonardo Morlino, "Legitimacy and the quality of democracy", *International Social Science Journal*, 60(196), 2009.

21 Mieke Verloo, "Introduction: Dynamics of Opposition to Gender+ Equality in Europe", Mieke Verloo ed., *Varieties of Opposition to Gender Equality in Europe,* New York: Routledge, 2018, p.36.

22 Mieke Verloo and Emanuela Lombardo, "Contested Gender Equality and Policy Variety in Europe: Introducing a Critical Frame Analysis Approach", Mieke Verloo ed., *Multiple Meanings of Gender Equality: A Critical Frame Analysis of Gender Policies in Europe*, CEU PRESS: Budapest and New York, 2007.

23 같은 글, 26쪽.

24 같은 글, 27쪽.

25 같은 글, 38쪽.

26 Mieke Verloo and David Paternotte, "The Feminist Project under Threat in Europe", p.2.

27 Sylvia Walby, *The future of feminism*, Cambridge: Polity Press, 2011.

28 Mieke Verloo and David Paternotte, "The Feminist Project under Threat in Europe", p.2.

29   같은 글, 3쪽.

30   윤기은·이홍근, 〈다시 '여가부 폐지' 꺼내든 윤 대통령에…20대 남성들 '싸
      늘'〉, 《경향신문》, 2002.7.26.

참고문헌

국승민 외, 《20대 여자》, 시사IN북, 2022.

권수현, 〈정치진입의 성별화된 장벽들: 20대 국회의원의 출마결정 요인과 성차〉, 《페미니즘연구》, 19(1), 2019, 91~138쪽.

김경희 외, 〈2020년 국가성평등보고서〉, 여성가족부, 2020.

김보명, 〈젠더 갈등과 반페미니즘의 문법〉, 《비교문화연구》, 56, 2019, 1~25쪽.

____, 〈페미니즘의 재부상, 그 경로와 특징들〉, 《경제와사회》, 여름호(통권 제118호), 2018, 100~138쪽.

김보명, 〈혐오의 정동경제학과 페미니스트 저항: '일간 베스트', '메갈리아', 그리고 '워마드'를 중심으로〉, 《한국여성학》, 34(1), 2018, 1~31쪽.

김수진, 〈여성혐오, 페미니즘의 새 시대를 가져오다〉, 《교육비평》, 38, 2016, 163~188쪽.

김왕배, 《감정과 사회 : 감정의 렌즈를 통해 본 한국사회》, 한울, 2019.

김은주, 〈여성혐오(mysogyny) 이후의 여성주의(feminism)의 주체화 전략: 혐오의 모방과 혼종적(hybrid) 주체성〉, 《한국여성철학》, 26, 2016, 103~130쪽.

김학준, 〈인터넷 커뮤니티 일베저장소에서 나타나는 혐오와 열광의 감정동학〉, 서울대학교 사회학과 석사학위논문, 2014.

____, 《보통 일베들의 시대: '혐오의 자유'는 어디서 시작되는가》, 오월의봄, 2022.

마경희 외, 〈2021년 양성평등실태조사 분석 연구〉, 여성가족부 연구용역보고서, 한국여성정책연구원, 2021.

박설아 · 류석진, 〈신생 소수정당의 성장과 포퓰리즘: 독일 대안당(AfD: Alternative für Deutschland)과 우파 포퓰리즘을 중심으로〉, 《한국정치연구》, 27(1), 2018,

493~520쪽.

변기찬, 〈프랑스의 근대화와 안티페미니즘〉, 《지중해지역연구》, 6(2), 2004,
69~87쪽.

손희정, 〈페미니즘 리부트〉, 《문화과학》, 83, 2015, 14~17쪽.

수전 팔루디, 《백래시: 누가 페미니즘을 두려워하는가?》, 황성원 옮김, 아르테,
2017.

신경아, 〈위험의 개인화와 꿈의 조건: 네 개의 서사 분석〉, 《꿈의 사회학》, 다산출
판사, 2018.

엄혜진, 〈신자유주의 시대 여성 자아 기획의 이중성과 '속물'의 탄생〉, 《한국여성
학》, 32(2), 2016, 31~69쪽.

우에노 지즈코, 《여성 혐오를 혐오한다》, 나일등 옮김, 은행나무, 2012.

윤보라, 〈일베와 여성혐오: "일베는 어디에나 있고 어디에도 없다"〉, 《진보평론》,
57, 2013, 33~56쪽.

이나영, 〈여성혐오와 젠더차별, 페미니즘: '강남역 10번 출구'를 중심으로〉, 《문화
와사회》, 22, 2016, 147~186쪽.

이진옥·황아란·권수현, 〈한국 국회는 대표의 다양성을 보장하는가?: 비례 대표
제와 여성할당제의 효과와 한계〉, 《한국여성학》, 33(4), 2017, 209~246쪽.

이현재, 《여성혐오, 그 후: 우리가 만난 비체들》, 들녘, 2016.

전복희, 〈독일 1기 여성운동에서 여성쟁점(women's issues)의 특징〉, 《한국정치학
회보》, 38(5), 2004, 345~365쪽.

____, 〈독일 제2기 여성운동에서 제기된 여성문제들의 특성과 제도화〉, 《평화학
연구》, 11(4), 2010, 279~300쪽.

____, 〈독일 페미니스트 담론에서 젠더와 인종의 교차성에 대한 고찰: 독일 이
슬람 이주여성의 불평등 문제에 대한 담론을 중심으로〉, 《정치정보연구》,
22(2), 2019, 121~141쪽.

____, 〈독일의 '새로운' 안티페미니즘에 대한 고찰: '독일을 위한 대안'(AfD) 정
당과 우익 포퓰리즘 단체들을 중심으로〉, 《정치·정보연구》, 24(3), 2021,
109~138쪽.

정사강·홍지아, 〈국가 페미니즘, 여성가족부, 여성혐오〉, 《미디어, 젠더 & 문화》,
34(1), 2019, 209~255쪽.

정인경, 〈포스트페미니즘 시대 인터넷 여성혐오〉, 《페미니즘연구》, 16(1), 2016,
185~219쪽.

찰스 틸리, 《위기의 민주주의》, 이승협·이주영 옮김, 전략과문화, 2010.

최세림 외, 〈생애주기에 따른 성별 임금격차〉, 한국노동연구원, 2018.

최정애, 〈독일 극우정당 부상 배경: 유로화, 이주민 요인을 중심으로〉, 《오토피

아〉, 33(1), 2018, 39~67쪽.

최종숙, 〈'20대 남성 현상' 다시 보기: 20대와 3040세대의 이념성향과 젠더의식 비교를 중심으로〉, 《경제와사회》, 125, 2020, 189~225쪽.

하이디 하트만, 〈자본주의 , 가부장제, 성별분업〉, 여성평우회 엮음, 《제3세계 여성노동》, 창작과비평사, 1985.

홍성수, 《말이 칼이 될 때: 혐오표현은 무엇이고 왜 문제인가?》, 어크로스, 2018.

Ahrens, Petra, Karen Celis, Sara Child, Isabelle Engeli, Elizabeth Evans and Liza Mügge, "Contemporary crises in European politics: gender euality+ under threat", *European Journal of Gender and Politics*, 1(3), 2018, pp.301~306.

Alexander, Jeffrey C., Kenneth Thompson, Laura Desfor Edles and Moshoula Capouas-Desyllas, *A Contemporary Introduction to Sociology: Culture and Society in Transition*, 3rd edition, Routledge, Taylor & Francis Group: New York and London, 2018.

Alonso, Alba and Emanuela Lombardo, "Gender Equality and De-Democratization Processes: The Case of Spain", *Politics and Governance*, 6(3), 2018, pp.78~89.

Askanius, Tina and Jannie Møller Hartley, "Framing gender justice: A comparative analysis of the media coverage of #metoo in Denmark and Sweden", *Nordicom Review*, 40(2), 2019, pp.19~36.

Benveniste, A., G. Campani and G. Lazaridis, "Introduction—Populism: The concept and its definitions", G. Lazaridis et al. eds., *The rise of the far right in Europe: Populist shifts and "othering"*, London: Palgrave Macmillan, 2016.

Bermeo, Nancy, "On Democratic Backsliding", *Journal of Democracy*, 27(1), 2016, pp.5~19.

Braithwaite, Ann, "Politics of/and Backlash", *Journal of International Women's Studies*, 5(5), 2004, pp.18~33.

Brighi, Elisabetta, *The Globalization of Resentment: Failure, Denial, and Violence in World Politics, Millennium*, 44(3), 2016, pp.411~432.

Brown, Wendy, *States of Injury: Power and Freedom in Late Modernity*, Princeton Univ. Press, 1995.

Browne, Victoria, "Backlash, Repetition, Untimeliness: The Temporal Dynamics of Feminist Politics", *Hypatia*, 28(4), 2013, pp.905~919.

Cohen, Nancy L., "Toward a Feminist Future: A Political Strategy for Fighting Backlash and Advancing Gender Equity", *Signs: Journal of Women in Culture and Society*, 45(2), 2020, pp.328~336.

Corrêa, Sonia, David Paternotte and Roman Kuhar, "The Globalisation of AntiGender Campaigns", *International Politics and Society*, 2018.5.31(접근일: 2021.6.30.).

Cooperman, Rosalyn and Melody Crowder-Meyer, "Standing on Their Shoulders: Suffragists, Women's PACs, and Demands for Women's Representation", *Political Science & Politics*, 53(3), 2020, pp.470~473.

Dahlerup, Drude, Electoral Gender Quota Systems and their implementation in Europe, Stockholm University, Faculty of Social Sciences, Department of Political Science, 2011.

Elder, Laurel, Steven Greene and Mary-Kate Lizotte, "Feminist and Anti-Feminist Identification in the 21st Century United States", *Journal of Women, Politics & Policy*, 42(3), 2021, pp.243~259.

Eto, Mikko, "'Gender' Problems in Japanese Politics: A Dispute over a Socio-Cultural Change towards Increasing Equality", *Japanese Journal of Political Science*, 17(3), 2016, pp.365~385.

Faludi, Susan, *Backlash: The Undeclared War Against American Women*, Anchor Books, 1991[수전 팔루디, 《백래시: 누가 페미니즘을 두려워하는가?》, 황성원 옮김, 아르테, 2017].

Faludi, Susan, Shauna Shames, Jennifer M. Piscopo and Denise M. Walsh, "A Conversation with Susan Faludi on Backlash, Trumpism, and #MeToo", *Signs: Journal of Women in Culture and Society*, 45(2), 2020, pp.336~345.

Folbre, Nancy, *The Invisible Heart: Economics and Family Values*, New Press, 2001.

_____, *Who Pays for the Kids? Gender and the Structures of Constraint*, Routledge, 1994.

Folbre, Nancy and Michael Bittman eds., *Family Time: The Social Organization of Care*, Routledge, 2004.

Gerson, Katherine, *The Unfinished Revolution: Coming of Age in a New Era of Gender, Work, and Family*, Oxford Univ. Press, 2009.

Glicksman, Lawrence, "How White Backlash Controls American Progress", *The Atlantic*, 2020.5.22.

Greene, Gayle, "Review of Backlash: The Undeclared War against American Women", *Nation*, 254, 1992, pp.166~171.

Hawkesworth, Mary, "Analyzing Backlash: Feminist Standpoint Theory as Analytical Tool", *Women's Studies International Forum*, 22(2), 1999, pp.135~155.

Herrett, Maree and Toni Schofield, "Raewyn Connell: Gender, Health and Healthcare", *The Palgrave Handbook of Social Theory in Health, Illness and*

Medicine, Palgrave, 2015.

Hirshman, Albert O., *Shifting Involvements: private interest and public action*, Princeton University Press, 1982.

Jee, Haemin, Hans Lueders and Rachel Myrick, "Toward a unified approach to research on democratic backsliding", *Democratization*, 29(4), 2021, pp.754~767.

Jordan, Ana, "Conceptualizing Backlash: (UK) Men's Rights Groups, Anti-Feminism, and Post-feminism", *CJWL/RFD*, 28, 2016, pp.18~44.

Kano, Ayako, "Backlash, Fight Back, and Back-pedalling: Responses to state feminism in contemporary Japan", *International Journal of Asian Studies*, 8(1), 2011, pp.41~62.

Krizsán, Andrea and Conny Roggerband, "Toward a Conceptual Framework for Struggle over Democracy in Backsliding States: Gender Equality Policy in Central Europe", *Politics and Governance*, 6(3), 2018, pp.90~100.

_____, The Changing Politics of Gender in Times of De-Democratisation Participation Policy, ECPR Joint Sessions Virtual Event, 2021.5.17.

Laidler, Karen Joe and Ruth M. Mann, "Editoral: Anti-Feminist Backlash and Gender-Relevant Crime Initiatives in the Global Context", *Feminist Criminology*, 3(2), 2008, pp.79~81.

Lehrman, Karen, "Review of Backlash: The Undeclared War against American Women", *New Republic*, 206(11), 1992, pp.30~35.

Lind, Rebecca Ann and Colleen Salo, "The Framing of Feminists and Feminism in News and Public Affairs Programs in U.S. Electronic Media", *Journal of Communication*, 52(1), 2002, pp.211~228.

Mansbridge, Jane and Shauna L. Shames, "Toward a Theory of Backlash: Dynamic Resistance and the Central Role of Power", *Politics and Gender*, 4(4), 2008, pp.623~634.

Miskolci, Richard, "Exorcising a ghost: The Interests Behind The War On 'Gender Ideology'", *Cad. Pagu*, 53, 2018.

Moloney, Margaret F., "A Heideggerian Hermeneutical Analysis of Older Women's Stories of Being Strong", *Journal of Nursing Scholarship*, 27(2), 1995, pp.104~109.

Morlino, Leonardo, "Legitimacy and the quality of democracy", *International Social Science Journal*, 60(196), 2009, pp.211~222.

Murib, Zein, "Backlash, Intersectionality, and Trumpism", *Signs: Journal of Women* in *Culture and Society*, 45(2), 2020, pp.295~302.

Paternotte, David and Roman Kuhr, "Disentangling and Locating the 'Global Right': Anti-Gender Campaigns in Europe", *Politics and Governance*, 2018, 6(3), pp.6~19.

Piscopo, Jennifer M. and Denise M. Walsh, "Introduction", Symposium: Backlash and the Future of Feminism, *Signs: Journal of Women in Culture and Society*, 45(2), 2020, pp.265~278.

Rhode, Deborah L., "Media Images, Feminist Issues", *Signs*, 20(3), 1995, pp.685~710.

Roggerband, Conny and Andrea Krizsán, "Reversing gender policy progress: patterns of backsliding in Central and Eastern European new democracies", *European Journal of Politics and Gender*, 1(3), 2018.

_____, "Democratic Backsliding and the Backlash against Women's Rights: Understanding the Current Challenges for Feminist Politics", UN Women Discussion Paper No.35, 2020(접근일: 2021.6.30).

Rosa, Hartmut, "Social Acceleration: Ethical and Political Consequences of a De-Synchronized High-Speed Society", *Constellations*, 10(1), pp.4~33.

Rowley, Michelle V., "Anything but Reactionary: Exploring the Mechanics of Backlash", *Signs*, 45(2), 2020, pp.278~287.

Sanin, Juliana Restrepo, "Violence against Women in Politics: Latin America in an Era of Backlash", *Signs: Journal of Women in Culture and Society*, 45(2), 2020, pp.302~310.

Sen, Paromita, Catalina Vallejo and Denise Walsh, "Opposition to Women's Participation in Politics and Civil Society", University of Virginia, 2017.

Sennett, Richard, *The Corrosion of Character, The Personal Consequences Of Work In the New Capitalism*, New York: W. W. Norton and Co., 1998[리처드 세넷, 《신자유주의와 인간성의 파괴》, 조용 옮김, 문예출판사, 2002].

Seymour, Kate, "'Respect for each gender': Gender, equity and backlash in Austrailia's male health policy", *Aust J Soc Issues*, 53, 2018, pp.123~138.

Sims, Amekia and Stephanie Wong, "Anti-Feminist Backlash", *The SAGE Encyclopedia of Psychology and Gender*, 2017, pp.70~71.

Sisco, Tauna and Jennifer Lucas, "Flawed Vessls: Media framing of feminism in the 2008 presidential election", *Feminist Media Studies*, 15(3), 2015, pp.492~507.

Townsend-Bell, Erica, "Backlash as the Moment of Revelation", *Signs: Journal of*

Women in Culture and Society, 45(2), 2020, pp.287~294.

van Zoonen, Elisabeth A., "The Women's Movement and the Media: Constructing a Public Identity", *European Journal of Communication*, 7, 1992, pp.453~476.

Verloo, Mieke, "Introduction: Dynamics of Opposition to Gender+ Equality in Europe", Mieke Verloo ed., *Varieties of Opposition to Gender Equality in Europe*, New York: Routledge, 2018.

Verloo, Mieke and David Paternotte, "The Feminist Project under Threat in Europe", *Politics and Governance*, 6(3), 2018, pp.1~5.

Verloo, Mieke and Emanuela Lombardo, "Contested Gender Equality and Policy Variety in Europe: Introducing a Critical Frame Analysis Approach", Mieke Verloo ed., *Multiple Meanings of Gender Equality: A Critical Frame Analysis of Gender Policies in Europe*, Budapest and New York: CEU PRESS, 2007.

Verloo, Mieke and Emanuela Lombardo, "Gender Knowledge, and Opposition to the Feminist Project: Extreme-Right Populist Parties in the Netherlands", *Politics and Governance*, 6(3), 2018, pp.20~30.

Walby, Sylvia, *The future of feminism*, Cambridge: Polity Press, 2011.

_____, "Gender in the crisis and remaking of Europe: re-gendering subsidiarity", *European Journal of Gender and Politics*, 1(3), 2018, pp.307~324.

_____, "Varieties of Gender Regimes", *Social Politics: International Studies in Gender, State & Society*, 27(3), 2020, pp.414~431.

Waldner, David and Ellen Lust, "Unwelcome Change: Coming to Terms with Democratic Backsliding", *Annual Review of Political Science*, 21, 2018, pp.93~113.

Wormer, Katherine van, "Anti-Feminist Backlash and Violence against Women Worldwide", *Social Work & Society*, January, 2009.

Wyn, Johanna and Rob White, "Negotiating Social Change: The Paradox of Youth", *Youth and Society*, 32(2), 2000, pp.165~183.

Yamaguchi, Tomomi, "'Gender Free' Feminism in Japan: A Story of Mainstreaming and Backlash", *Feminist Studies*, 40(3), 2014, pp.541~572.

Zaremberg, Gisela and Debora Rezende de Almeida, "Blocking anti-choice conservatives: feminist institutional networks in Mexico and Brazil(2000-2018)", *International Feminist Journal of Politics*, 23(4), 2021, pp.600~624.

Zaremberg, Gisela, Constanza Tabbush, and Elisabeth Jay Friedman, "Feminism(s) and anti-gender backlash: lessons from Latin America", *International Feminist Journal of Politics*, 23(4), 2021, pp.527~534.